AF081025

www.ingramcontent.com/pod-product-compliance
Lightning Source LLC
LaVergne TN
LVHW020449070526
838199LV00063B/4891
* 9 7 8 9 3 5 8 7 2 0 2 9 7 *

گول مال

(طنزیہ مزاحیہ مضامین)

مصنفہ:

شفیقہ فرحت

© Taemeer Publications
Gol Maal *(Humorous Essays)*
by: Shafeeqa Farhat
Edition: May '2023
Publisher & Printer:
Taemeer Publications, Hyderabad.

ISBN 978-93-5872-029-7

مصنف یاناشر کی پیشگی اجازت کے بغیر اس کتاب کا کوئی بھی حصہ کسی بھی شکل میں بشمول ویب سائٹ پر اَپ لوڈنگ کے لیے استعمال نہ کیا جائے۔ نیز اس کتاب پر کسی بھی قسم کے تنازع کو نمٹانے کا اختیار صرف حیدرآباد (تلنگانہ) کی عدلیہ کو ہوگا۔

© تعمیر پبلی کیشنز

کتاب	:	**گول مال** (طنزیہ مزاحیہ مضامین)
مصنف	:	**شفیقہ فرحت**
صنف	:	طنز و مزاح
ناشر	:	تعمیر پبلی کیشنز (حیدرآباد، انڈیا)
زیر اہتمام	:	تعمیر ویب ڈیولپمنٹ، حیدرآباد
سالِ اشاعت	:	۲۰۲۳ء
تعداد	:	(پرنٹ آن ڈیمانڈ)
طابع	:	تعمیر پبلی کیشنز، حیدرآباد – ۲۴
صفحات	:	۱۱۴
سرورق ڈیزائن	:	تعمیر ویب ڈیزائن

فہرست

۱۔ ہوئے ہم جو لے کے رُسوا	7
۲۔ هدایت نامہ جدید	13
۳۔ سیانے چوہے	20
۴۔ ووٹ بکی سیاہی کے	23
۵۔ مُلاقات بڑے لوگوں سے	31
۶۔ بد اور بدنام	37
۷۔ گول مال	43
۸۔ ڈھنڈورا	53
۹۔ اُس شکار سے اِس شکار تک	61
۱۰۔ تعزیت ہماری	77
۱۱۔ بھولیے بھلائیے وعدے	84
۱۲۔ بستر گول	92
۱۳۔ جیک اینڈ جِل	108

تعارف

شفیقہ فرحت (پیدائش: ۲۶ ر اگست ۱۹۳۱، ناگپور - وفات: ۶ ر جنوری ۲۰۰۸، بھوپال) - اردو دنیا کی واحد نسائی شخصیت ہیں جنہوں نے طنز و مزاح کی صنف کو اس خلوص سے اپنایا کہ ساری زندگی اس کے علاوہ اپنے قلم کو بھٹکنے نہ دیا۔ بے پناہ انشایئے ان کے رشحات قلم سے وجود میں آتے رہے۔ طنز و مزاح اور انشائیہ کے فن سے شفیقہ فرحت خوب واقف رہی ہیں۔ زبان کی سلاست و روانی کے علاوہ الفاظ کی الٹ پھیر اور اشعار میں حرف کی تبدیلی سے ایسا مزاح پیدا کرتی ہیں کہ قاری ہنسنے پر مجبور ہو جاتا ہے۔ زندگی کے چھوٹے چھوٹے مسائل پر بھی ان کی اچھی گرفت ہے۔ انھوں نے جن مسائل کو اپنے طنز کا موضوع بنایا ہے وہ ہماری زندگی سے کافی قریب نظر آتے ہیں۔

انہوں نے انشائیوں کے علاوہ اخباری کالم بھی تحریر کیے، قلمی خاکہ نگاری سے یک گونہ شغف تھا۔ متعدد قلمی خاکے ان کی نوک قلم کے رہین ہیں کہ خاکوں پر مبنی ایک مجموعہ "چہرے جانے ان جانے" بھی شائع ہو چکا ہے۔ انشائیوں کے مجموعے پانچ ہیں۔ "لو آج ہم بھی"، "رانگ نمبر"، "گول مال"، "ٹیڑھا قلم" اور "نیم چڑھے"۔ ریڈیو فیچر بھی ان گنت لکھے اور ڈرامے بھی۔ کچھ ڈرامے کھیلے بھی گئے اور لطف یہ کہ وہ سب مزاحیہ ہیں۔ اسی طرح قلمی خاکوں کے انداز میں بھی شوخی کارفرما ہے۔ سفر نامے کم ہی لکھے ہیں۔ جتنے بھی لکھے ہیں ان میں حاوی انداز تحریر شوخ نگاری ہی ہے۔ غرض کہ ان کی فنکاری میں طنز و مزاح کو خاص مقام حاصل ہے۔

شفیقہ فرحت کے ۱۳ منتخب طنزیہ مزاحیہ مضامین پر مبنی مجموعہ "گول مال" کا جدید ایڈیشن تعمیر پبلی کیشنز کی جانب سے پیش خدمت ہے۔

ہوئے ہم جو لے کے رُسوا

اغیار و احباب کے دانت سے دانت بجتے ہی رہتے ہیں۔ کبھی سردی سے۔ کبھی خوف سے ـــ! مگر ہمارے دانتوں کو اس کارِ خیر کے لیے کسی کا احسان اٹھانے کی ضرورت نہیں۔ انھیں نہ اُدھر کا اشارہ چاہیے نہ اِدھر کا۔ اُن کی ساخت ہی کچھ ایسی ہے کہ ہر وقت (بلا امتیازِ امن و جنگ۔) ٹینکوں کی گڑگڑاہٹ کا گمان گزرتا ہے۔

پھر بھی اکتوبر کی ایک دوپہر ان کی آواز پر ہم خود ہی دھوکا کھا گئے۔ شاید آئینہ دیکھے بہت دیر ہو گئی ہوگی۔!!

یوں ہی ایک کڑاکا ہوا۔ ہم گھبرا گئے کہ لو جاڑا دھوا جاڑا اور مارے گئے دیارِ غیر میں ہنستے۔ فوراً اسلحہ دفاع کی فراہمی کے لیے کیلے۔ یعنی ایک عدد شال کی خریداری کے لیے ہوٹل سے نکل کھڑے ہوئے۔

ابھی ٹیکسی اسٹینڈ تک پہنچے بھی نہ تھے کہ اپنی غلطی کا احساس۔ سیاہ تارکول کی سڑک تپ رہی تھی اور اونچی بلڈنگوں میں چھپا آسمان آگ برسا رہا تھا۔

واقعی ابھی تو موسم سرما کی آمد کا سرکاری اعلان بھی نہ ہوا تھا۔ اور کلینڈر کی رو سے اس میں پورا ایک ہفتہ باقی تھا۔ سوچا واپس چلیں۔ پھر خیال آیا کہ یہ دلی ہے۔ یہاں کے مزاج اور موسم کا کیا اعتبار۔ اور پھر اگلے مہینے ہی تو ASIAD ہے۔ اور پھر NAM

اور SAM کیسے کیسے 'سرد ممالک' مہمان ہوں گے۔ یہ بھی تو ممکن ہے کہ ہماری مہمان نواز امیر پرور سرکاران کی HOME SICKNESS دور کرنے کی خاطر یخ بستہ ہوائیں اور ٹھنڈی فضائیں امپورٹ کرنا شروع کر دے۔ ساتھ ہی ایک صاحب کا کہ جو خود بھی سرتاپا لطیفہ ہیں ایک لطیفہ یاد آگیا۔ آپ کو پانچ دس منٹ کے لیے پاس پڑوس میں جانا تھا۔ سو اس حلیہ میں گھر سے برآمد ہوئے کہ پوری آستین کا سوئیٹر تو پہن رکھا ہے۔ ایک ہاتھ میں بھاری اُورکوٹ ہے اور دوسرے میں برساتی۔

لوگوں نے پوچھا—— 'بھئی یہ کیا!'

فرمایا۔ "خدا جانے کیا صورتِ حال پیش آجائے۔ جو سردی بڑھ گئی تو——"

"اور یہ برساتی کس لیے——"

بادل کے ایک ایچی دھبے کی طرف اشارہ کرتے ہوئے بڑے تشویش ناک انداز میں جواب ملا۔" بارش ہوگئی تو——"

دوسرے دوست نے جل کر کہا۔ "تو ایک بستر بند اور سر پہ رکھ لیجیے۔ جو کہیں رات ہوگئی تو——"

تو صاحب—— ہم نے بھی واپسی کا ارادہ ترک کیا۔ کہ ناکہ بندی ہی میں عقلمندی ہے۔!!

خاصی دیر کے بحث ومباحثے اور غور وفکر کے بعد ڈرائور اور سواری دونوں نے اپنے اپنے ووٹ پالیکا بازار کے حق میں دیے۔ ڈرائور کا خیال تھا کہ "کم خرچی اور بالانشینی" کی مثال اسی پہ ختم ہے۔

اور ہمارا یہ کہ وہ ہماری جائے قیام سے قریب ترین۔ ویسے بعد از تجرباتِ تلخ دونوں ہی نظریات غلط ثابت ہوگئے۔

ہمارا اقتصادی اور سماجی بیان یہ تھا کہ پہلے ہم طواف کوے جاناں کی طرح پورے ادب واحترام اور PROTOCOL کے ساتھ سارے بازار کا ایک چکر لگائیں گے ہر دکان پہ لہراتے گرم شالوں کی گرمیِ نظارہ سے قلب ونظر کو تقویت وحرارت بخشیں گے۔

دو چار سے قیمتیں پوچھیں گے۔ دو چار سے بھاؤ تاؤ کریں گے۔ پھر جا کر کہیں ایک عدد شال خریدیں گے۔ اپنی عقل، سوجھ بوجھ اور جیب پہ اکڑتے اتراتے، فتح کے نقارے بجاتے کامراں شاداں واپس لوٹیں گے۔

مگر وائے قسمت۔ پالیکا بازار کی بھول بھلیاں میں شاید ہم طلسمی دروازے سے داخل ہو گئے تھے۔ کہ

اڑنے بھی نہ پائے تھے کہ گرفتار ہم ہوئے

ریڈی میڈ گارمنٹس، چپلوں اور زنگ آلود، ٹوٹے پچکے تانبے پیتل کی الابلا جسے ANTQUES بھی کہا جاتا ہے سے ہوتے ہوئے جب کپڑے والے علاقے میں پہنچے تو پہلی ہی دکان پہ جامہ وار کی کریم اور مردن شال نے دامن دل ایساکس کے پکڑا کر، ہاتھ لگائے ہی بنی، دکان پہ خاصی بھیڑ تھی اور مالکِ دکان بیحد نستعلیق۔ اس پر ایسی فصیح زبان اور ایسے رعب دبدبے کے ساتھ خریداروں سے محوِ گفتگو تھے کہ دکان پارچہ کے بجائے دبستانِ لکھنؤ کا دھوکا ہو رہا تھا۔ ہم معاملات کو کسی حد تک بھانپ کر پلٹنے ہی والے تھے۔ کہ حملہ ہوا۔ "جی فرمایئے۔"

اب فرمانا تو کچھ نہ کچھ ہمارے لیے لازمی تھا ہی کہ شال پہ نظر بد ڈالتے ہم پکڑے جا چکے تھے۔

ہم نے بڑی بے تعلقی سے پوچھا۔ "اس کی کیا قیمت ہوگی"

'ڈھائی سو' اس نے اسی بے نیازی سے جواب دیا۔

'ڈھائی سو' UNDER GROUNG CERTIFICATE بازار کی ٹھنڈک کے باوجود ہماری پیشانی پہ پسینے کے قطروں کی آمد آمد ہو رہی تھی۔

ہمارے تذبذب کو بھانپ کر وہ دوسرے خریداروں سے بے تعلق ہو کر ہماری گرفتاری کے لیے جال بچھانے لگے۔

"تشریف لایئے۔ دیکھیے یہ صاحب جامہ وار ہیں۔" اس نے سامنے پھیلے ہوئے رنگارنگ گل و گلزار قسم کے ڈھیر کی طرف اشارہ کیا جیسے شکاری دانہ ڈال رہا ہو۔

ہم نے ایک نگاہِ غلط انداز ان سب پہ ڈالی۔ اتنی دیر میں ہمارا کھویا ہوا SELF CONFIDENCE واپس آچکا تھا۔ "نہیں ان میں سے کوئی پسند نہیں۔" ہم باعزت RETREAT کے بہانے ڈھونڈنے لگے۔ "تو پھر وہی لے لیجیے۔"

ظاہر ہے "وہ" ہماری دسترس سے میلوں پرے تھا۔ اور اتنے شاندار بازار کی اتنی اونچی دکان کے ایسے بارعب اور مہذب دکاندار سے مول بھاؤ آداب خریداری کے خلاف ۔۔! اور کیا۔ یہ کوئی دکان سیاست تو تھی نہیں ہم مصور غم کا شاہکار بنے دکان سے باہر نکلنے کے لیے پلٹے۔

"ارے صاحب آپ کو شاید لینا ہی نہیں۔ آپ کا ایک قدم دکان کے اندر ہے اور دوسرا باہر" اس نے عمران خاں کی طرح زناٹے کی بولنگ کی۔

"لینا کیوں نہیں" ہماری انا تڑپ پھڑک کے جاگ اٹھی اور جاگ کے قلابازیاں کھانے لگی۔

"تو پھر فرمایئے کیا بات ہے۔"

"قیمت کچھ زیادہ ہے آپ کے یہاں ۔۔" ہم نے بے اعتنائی سے کہا۔ ناٹک منڈلی کی چائے پانی سے خدمت کر کے کچھ کچھ ایکٹنگ ہمیں بھی آچکی تھی۔

"آپ کیا دیں گی" اس نے یوں چیلنج کیا جیسے عاشق جانباز دل نکال کے سامنے رکھ دے۔

کل سرمایہ ہمارا ڈھائی سو۔ ہم تو بازار مصر میں بڑھیا کی طرح سوت کی انٹی لیے پھر رہے تھے۔ پچاس ساٹھ کے معمولی سے شال کا عزم جواں تھا۔ اور نظروں کے لیے سامانِ عیش فراہم کرنے پر کوئی پابندی بھی نہیں۔!

ماندن کے امکانات تھے بیش اور رفتن کے دروازے اس کمبخت جادوگر نے پہلے ہی بند کر دیے تھے۔ جان بچانے کے لیے ہم نے پہلے سے کئی گنا بے نیازی سے کہہ دیا۔ 'ڈیڑھ سو'

خیال تھا ایکدم سو روپیا کوئی کم کرے گا نہیں۔ اور ہماری مفلسی کا بھرم رہ جائے

گا۔

"ڈیڑھ سو ؟" اس نے عاشقانہ رنگ وروغن خود پر اور زیادہ چڑھالیا۔

"ہاں"

وہ ایک منٹ رکا۔ جیسے عشق اور آتش نمرود والے سین کی ریہرسل کر رہا ہو۔ پھر بے خطر کودپڑنے کی ایکٹنگ کی۔ اور نوکر کو حکم دیا۔ 'پیک کردو' گویا نذرانہ' دل بصورتِ نقدِ جاں ہماری خدمت میں بصد ناز واحترام پیش کر رہے ہوں۔ یا جیسے دونوں دنیاؤں کی دولت ہمارے قدموں پہ لٹادی ہو۔ ہم — کہ ٹھہرے اجنبی۔ اور ہم کہ بن گئے اُلو — اپنی اداکاری کے ٹھتے پہ ماتم کرنے لگے۔ بھلا کیا ضرورت تھی اس پہ رعب گانٹھنے کی۔ صاف کہہ دیتے 'میاں کہاں ہم کہاں یہ جامہ وار کا شال!' مگر اب ہماری ہی سینڈل تھی اور ہمارا ہی سر۔ اب تو جان اور آن کا سوال تھا۔ جس کے نتیجے میں جان تو جانی ہی تھی۔ حالانکہ اس دورِ عجیب میں آن OUT OF CIRCULATION ہوچکی ہے۔ فلم "آن" تک تو چلی نہیں۔ اس 'آن' کو کون پوچھے گا۔ مگر ہم عقل سے پیدل جو ہیں۔ اور وہ بھی لنگڑے۔ سو بے جان ہاتھوں سے پرس کھولا اور پچاس پچاس کے تین نوٹ اس کے حوالے کیے جیسے جنم جنم کا قرض ادا کر رہے ہیں۔ اور پیکٹ دبایا۔ اور دُم بھی دبائی اور جس دروازہ میں سب سے پہلے سالم سرپاؤں سمیت داخل ہوگیا۔ اس سے باہر نکلے اور سیدھے کمرے میں آکر دم لیا۔ مگر دم بھی کہاں لیا۔ کہ دم بچا ہی کب تھا۔! وہ تو خیر ہوئی کہ ہوسٹل کا کرایہ مع خوردونوش ایڈوانس ادا کیا جاچکا تھا۔ اور واپسی کا ٹکٹ بھی غیب سے آچکا تھا۔ ورنہ ہم ہوتے برباد اور جیل خانہ ہوتا آباد۔ اس جامہ وار پہ جان وار ہو ہی چکی تھی۔

خیر خریدنا شال کا تو اتنا المناک اور دردناک قصہ نہ تھا۔ مگر اصل معاملات آہ و فغاں تو اس وقت شروع ہوئے جب دوسرے دن پہاڑ گنج کی گنجان دکانوں سے اس طرح نظروں کو دائیں بائیں بھٹکنے سے روکتے ہوئے گزر رہے تھے جیسے بندھا گھوڑا۔ کہ ہماری شال کی جڑواں بہن ایک نسبتاً غریب دکان میں لٹکی نظر آئی۔ عشق خواہری

نے جوش مارا تو خیر خبر کے لیے ہاتھ بڑھایا۔ ایک سو پچاس کا لیبل دیکھ کر غش تا سا آگیا۔ اور دل کہاں تھا کہ تھامتے . . . . لیبل ایک سو پچاس کا۔ تو مول بھاؤ سے سو تک تو اتر ہی آتے۔ یعنی پچاس کا مزید گھاٹا۔ گویا دن دھاڑے ڈاکہ۔ اور وائے افسوس کہ یوں دن کو لٹنے کے بعد رات کو چین سے سونا بھی ممکن نہیں ۔ یعنی ۔شبِ ہجر سے اس عمر میں بھی ملاقات ہوگئی۔ اب یہ کمبخت جامہ وار ہماری جڑ بن گیا۔ جہاں جائیے۔ جس طرف نظر ڈالیے ہر رنگ اور ہر ڈیزائن کے جامہ وار ہمارا منہ چڑھا رہے ہیں . بھوپال کے نیو مارکیٹ سے ابراہیم پورہ اور لکھیرا پورہ تک کی گلیوں میں بس وہ ہی وہ ہیں جے پور میں وہ۔ جبل پور میں وہ۔ چھوٹی بڑی بگیہ میں وہ۔ اور جھری تلیہ میں وہ اور قیمت پوچھنے کی ہمت اب ہماری جانِ ناتواں میں کہاں باقی ۔کہ پانچ روپے فی دکان کا ریبیٹ چل رہا ہے۔

آخری دکان پر تو شاید مفت ہی میں پیش کیا جائے یا اس کے ساتھ ایک عدد نیلا پیلا بھی ــــ!

ہدایت نامۂ جدید

اے دورِ جدید کے مومنو—

خدا ان کو عزیز رکھتا ہے جو اس کی ہدایتوں پر عمل کرتے ہیں۔ اس کے بتائے ہوئے راستے پر چلتے ہیں۔ تمھارے خدا نے ہر دور میں تمھاری ہدایت کے لیے ہادی اور نبی بھیجے۔ اور یہ سلسلہ اب بھی جاری ہے۔ قومی، سیاسی، سماجی اور مذہبی رہنماؤں کی شکل میں۔ انتہائے کرم یہ کہ اس سلسلے نے حال میں سیلاب کی صورت اور شدت اختیار کرلی ہے۔

لیکن تم نے اس دور میں بھی ان کی ایک نہ سنی اور اس دور میں بھی بغاوت پر آمادہ ہو۔

خدا باغیوں اور منکروں کو سخت سزا دیتا ہے۔ لیکن سزا سے پہلے سنبھلنے کا موقع بھی—!!

تمھارے ملک سے دیگر تمام اشیا کے ساتھ گیہوں بھی روپوش ہو گیا۔ تو تم نے اس کا ذمہ دار حکومت کو ٹھہرایا۔ تم نے ہڑتالیں کیں دفتر گول کیا۔ (جو تم اکثر عادتاً اور روایتاً کیا کرتے ہو۔) ہنگامہ خیز جلوس نکالے۔ اور جگہ جگہ نہتے معصوم سیٹھوں کے گوداموں اور پردۂ غیب میں چھپے سرکاری بھنڈاروں کو جن میں لاکھوں کروڑوں ٹن اناج بھرا تھا لوٹنے

کی کوشش کی۔ خدا تمھارے اِن اعمال سے خوش نہیں۔ تم اندھے بہرے اور گونگے بنائے گئے ہو۔ تو اسی حالت میں زندہ رہنے کی مشق کرو۔ جب تم کچھ جانتے نہیں تو ایسے کام کیوں کرتے ہو۔؟ کیا تم نہیں جانتے کہ آج دانۂ گندم اولادِ آدم سے اپنی بے عزتی کا انتقام لے رہا ہے۔ یاد کرو۔ روزِ ازل وہ اتنا حقیر تھا کہ اسے کھا لینے کے جرم میں حضرتِ آدم اور مادام حوّا جنت سے نکالے گئے تھے۔ اور غالباً سزا کے طور پر گیہوں کو بھی ان کے ساتھ ساتھ یا آگے پیچھے روے زمین پر بھیج دیا گیا تھا۔ (یہ تحقیق طلب نکتہ ہے کہ گیہوں کا پہلا دانہ دنیا کے کس حصّے اور کس ملک میں دیکھا اور کھایا گیا۔ خیر اس کے لیے جلد ہی بین الاقوامی چوٹی اور جوڑا کانفرنس بلائی جائے گی۔ جس کا دوسرا اسیشن عالمِ فلکیات میں ہوگا۔!)

تو خیر اپنی اس بے عزتی اور توہین پر یعنی "الوست جاتی" جیسا سلوک کیے جانے پر اس کے سینے میں انتقام کی آگ بھڑک اٹھی۔ لیکن وہ ایک SEASONED POLITICIAN کی طرح موقع اور محل کا انتظار کرتا رہا اور صبر شکر سے احکامِ خداوندی کی پابندی کرتا رہا۔ جیسے آج "ہر سیوک" "ہائی کمان" کا حکم مانتا ہے۔!

اُس نے ہر طرح کی تکلیفیں برداشت کیں اور "سخت کوش تجارتی اقوام" کی طرح دنیا کے چپّے چپّے میں پھیل گیا۔ اولادِ آدم کے رگ و ریشے میں بس گیا اور اس کے وجود میں اس طرح پنجے گاڑ دیے کہ اس کی ضرورت اور کمزوری بن گیا۔ ایسی کمزوری کے اس کے بغیر والیانِ ریاست ہائے کلیہ نائب اللہ فلک عرف یہ 'دوپایہ' اس عالمِ آب و گِل میں ایک پل بھی نہیں جی سکتا۔ تب اُسی ننھے حقیر یعنی دانۂ گندم نے خدا کے حضور گڑگڑا گڑگڑا کے پوپ میوزک والے تال سر میں رو رو کے اپنے گناہوں کی معافی مانگی۔

اور خدا غفور الرحیم ہے۔ خطاؤں کو بخشنے والا ہے۔

اس نے بغیر دیگر فرشتوں کا کمیشن بٹھائے۔ بغیر عدالتی کارروائی میں وقت ضائع کیے اُس کی خطا معاف کر دی۔ اسے جنت کا ویزا دے دیا۔ اور واپسی کے سارے

راستے کھول دیے۔

کہ وہی سب نیک و بد کی خبر رکھنے والا ہے ---!

تو مومنو اسی بے عدالتی بے اسٹامپ کے معافی نامے کی بنا پر گیہوں دنیا سے رختِ سفر باندھ رہا ہے۔ اور اپنے ساتھ صدیوں کے رفیق دوست احباب یعنی چاول دال وغیرہ وغیرہ کو بھی لیے جارہا ہے۔ عنقریب یہ سب کے سب صفحۂ ہستی سے معدوم اور روے زمین سے بالکل غائب ہو جائیں گے اور ان کا ذکر صرف کتابوں میں ملے گا۔ چند دانے عجائب گھروں میں محفوظ کر دیے جائیں گے۔ جنھیں تم اپنے نواسوں پوتوں کو دکھا کر بڑے فخر سے کہو گے۔

" دیکھو ایک زمانے میں ہم اسے کھایا کرتے تھے "

اور وہ شوخ چنچل دانے جو نظروں میں سمانے کے بجائے نظروں سے بچ کر آدی واسی برت کرتے ہوئے اِدھر اُدھر بکھر جائیں گے۔ وہ صدیوں بعد ہڑپا اور موہنجوداڑو کی سی کھدائی میں دستیاب ہوں گے اور تحقیق اور تہذیب کے نئے دروازے اور علم کی نئی کھڑکیاں کھولیں گے۔

کہ مستقبل کی خبر صرف خدا رکھتا ہے۔ تم اور تمھارے نجومی اور تمھارے منتری نہیں۔!

تو اے جاہلو۔ اگر کچھ مانگنا ہی ہے تو اپنے خدا سے مانگو کہ رزاق یعنی رزق دینے والا تو وہ ہے۔ اگر کسی وزیر کا نام عبدالرزاق یا سیوا رام میوہ رام ہے تو اس کے یہ معنی نہیں کہ اس میں خدائی صفات بھی پیدا ہو گئیں اور وہ تمھیں روزی روٹی بھی دے سکتا ہے۔

نہیں۔ یہ کفر ہے اور کفر سے بچو۔ کہ خدا کافروں پر روزِ قیامت کہ جو عنقریب ہی آنے والا ہے اور جس کی آواز یا گڑگڑاہٹ صاف سنائی دے رہی ہے۔ اپنا عذاب نازل کرے گا۔

کہ وہی سب سے بڑی طاقت والا ہے۔

اور کیا نہیں سمجھ پائے تم اب تک کہ تمھارے پروردگار کے پاس اناج کی کمی

نہیں۔ لیکن اس نے ہر ہر دانے پر کھانے والے کا نام لکھ رکھا ہے (اُف ــــ اسٹینوگرافرس۔ کلرک اور کاتبوں کا کتنا لمبا چوڑا عملہ ہوگا ــ!) اس لیے اگر تمہارے حصّے میں صرف چند گلے سڑے گھن لگے دانے آتے ہیں تو شکایت مت کرو۔ نہ پریس والوں کے پاس جاؤ نہ اپوزیشن والوں کے پاس۔ کیونکہ ہو سکتا ہے کہ صرف انہیں چند دانوں پر تمہارا نام لکھا ہو۔ تم انہیں ہی کھا کر شکر ادا کرو اور زیادہ کا لالچ مت کرو۔

کہ خدا جو ہر جذب سے بے نیاز ہے لالچ کو پسند نہیں کرتا۔

اور ڈرو اُس وقت سے جب چند دانوں پر تمہارے نام کے بجائے صرف ایک دانے پر تمہارا اور تمہارے پورے خاندان کا نام لکھا ہوگا۔ کہ ایک دانے پہ تل لکھنے کی روایت بھی پرانی ہوگئی ہے۔ اب تو بال پہ (فٹ بال پہ نہیں) پورا جملہ لکھا جا رہا ہے۔ یعنی بال کی کھال اتاری جا رہی ہے۔ (کاش شعرا نے بالوں پہ سر غزلیں اور جو غزلیں نہ لکھی ہوتیں ــــ!)

چنانچہ اے مومنو ــــ تم اپنے پروردگار اور اس کے نمائندوں کے احسانوں کو یاد نہیں رکھتے۔ اور الٹا قصوروار ٹھہراتے ہو۔ (شیم۔ شیم۔!) کیا یہ احسان اور اقربا پروری نہیں کہ ہر صوبے میں۔ ہر شہر میں ہر چیز کے کارپوریشن قائم کر دیے گئے ہیں۔ مثلاً FOOD DEVELOPMENT CORPORATION وغیرہ وغیرہ۔ اور جگہ جگہ سرکاری دکانیں کھلوا دی گئی ہیں۔ یہ اور بات ہے کہ ان کی قیمت والی سرکاری دکانوں میں عام دکانوں سے مہنگا اور خراب سامان ملتا ہے۔ اور جو مہینے صرف دو چار دن ہی کھلی رہتی ہیں۔

تم دل سے اپنے پروردگار کا احسان مانو۔ کہ وہ دلوں کا حال جاننے والا ہے۔

یہ ٹھیک ہے کہ ان دکانوں پر ان تمام حقائق و کوائف کے باوجود بھیڑ بہت زیادہ ہوتی ہے۔ اور تمہیں چلچلاتی دھوپ اور موسلا دھار بارش یا کڑکڑاتے جاڑے میں

چھے چھے آٹھ آٹھ گھنٹے کیو میں کھڑے رہنا پڑتا ہے۔ لیکن تم بد دل نہ ہو۔ ہمت نہ ہارو — اور تھکن اور نا امیدی کو پاس نہ پھٹکنے دو۔

کہ خدا مایوس ہونے والوں کو دوست نہیں رکھتا۔!

اور اے مومنو اتنی کوششوں اور اتنی ریاضتوں اور مشقتوں کے بعد بھی تمھیں اناج نہ ملے۔ تیل نہ ملے۔ ڈالڈا نہ ملے۔ شکر نہ ملے۔ تب بھی اپنے پیدا کرنے والے اور پالنے والے کی ذات سے مایوس نہ ہو۔

تمھاری محرومیوں میں ہی مصلحتیں ہوں گی۔ یاد کرو ہارٹ اٹیک۔ ہائی بلڈ پریشر اور شوگر وغیرہ وغیرہ کو۔ جو انھیں اشیائے خورد و نوش کی فراوانی سے پیدا ہوتی ہیں۔

اور پھر — وہ تو وہ ہے۔ جو گھونگھے کے اندر کے کیڑے کو بھی رزق دیتا ہے۔ پھر تم تو انسان سمجھے جاتے ہو۔ اشرف المخلوقات — دیکھو یہ دنیا بہت وسیع ہے۔ غالب اور اقبال کے اشعار، تمھارے تصور اور تمھارے جدید ترین علوم سے کہیں زیادہ —! اس میں ذرائع بھی لامحدود ہیں۔ اور تمھارا علم ابھی ناقص ہے۔ جو کچھ تم جانتے ہو وہ صرف ایک بٹا سو حصہ ہے اُس کا جو موجود ہے۔ مگر جس کا علم تمھیں نہیں۔

پس آنکھیں کھولو۔ اور اپنے تخیل کو کام میں لاؤ۔ رزق تمھارے چاروں طرف پھیلا ہے۔ اور خدا تمھارا مددگار ہے۔

کہ خدا ہمیشہ ڈھونڈنے والے کو اُس کی محنت کا صلہ دیتا ہے —!

شاید تم اب بھی نہیں سمجھے۔ ہاں تمھاری آنکھوں پر روایت کے پردے پڑے ہیں اور تمھارے کانوں میں روایت کی رُوئی ٹھنسی ہے۔

تمھارا پروردگار جانتا ہے کہ تم اندھے اور بہرے ہو۔

تم نہ اچھائی کو دیکھ سکتے ہو نہ سن سکتے ہو۔ اور اندھے کے آگے رونا اپنے ٹی۔ وی زدہ کمزور نین کھونا ہے۔

لیکن تمھارا خدا تم کو ایک موقع اور دیتا ہے۔

ہٹا دو یہ روایت کے پردے اور کھولو چشم بینا اور دیکھو کہ تمھارے آگے

میدانوں میں ہری ہری گھاس پھیلی ہے (یہ سوکھے سے پہلے کا منظر حسین و رنگین ہے !)

اور جنگل تیزی سے کاٹے جانے کے باوجود اب بھی درختوں سے بھرے ہیں۔ اگر اناج نا پید ہے اور سبزی ترکاریاں عنقا تو اے مومنو تم بخوبی گھاس کھا سکتے ہو۔ درختوں کی پتیوں اور چھالوں سے ایک سے ایک عمدہ سالن تیار کر سکتے ہو۔ شاخوں کو پیس کے آٹا بنا سکتے ہو۔

مختلف قسم کے نئے نئے اور عجیب و غریب شعبہ ہائے علوم بھی یہی فرماتے ہیں۔ کیلے اور آلو پیاز کے چھلکے کدو کریلے کے بیج۔ گوبھی کے ڈنٹھل۔ کیا انھیں تم کھا نہیں سکتے تھے۔ کیا دال کے چھلکے۔ دھان کا بھوسا اور جنوے کی کھلی اسی قابل تھے کہ تم اسے اپنے جانوروں کے آگے ڈال دیتے۔ گو کہ وہ بھی اب اس گھٹیا ڈنر اور لنچ سے منہ پھیر لیتے ہیں ـــ!

خیر ـــ تم نے اپنے صحیح مقام کو نہ پہچانا اور وہ کام کر گئے جو خدا کے نزدیک ناپسندیدہ تھے۔ پس خدا تم سے ناخوش ہوا۔ اور خدا قادرِ مطلق ہے۔ وہ اپنے بندوں کو سزا دیتا ہے۔ دنیا میں بھی اور آخرت میں بھی۔ پس اس نے تم کو سزا دی۔

اور اے مومنو ـــ کیا تمھیں اس بات کی خبر نہیں کہ تمھیں تمھارے اعمال کی سزا اور جزا اس دنیا میں بھی ملے گی۔ پس تم اپنے اعمال کو پسندیدہ بناؤ اس جہاں کے لیے کہ جسے زوال نہیں۔ جسے فنا نہیں۔ اس عالم بقا کے لیے تمھارا پروردگار مادیت کو پسند نہیں کرتا۔ روحانیت کو افضل جانتا ہے۔ دنیا کے کونے کونے میں جھاڑ جھنکاڑ کی طرح پیدا ہونے والے روحانی ادارے اس بات کا ثبوت ہیں۔!

پس اپنے پروردگار کی خوشنودی کے لیے مادیت سے اپنا دامن بچاؤ اور روحانیت کو اپنا شیوہ بناؤ۔

پس۔ اگر کھانے کے لیے اناج نہ ملے۔ اناج کے چھلکے نہ ملیں۔ پھل ترکاریاں نہ ملیں۔ پھل ترکاریوں کے چھلکے نہ ملیں۔ اور کیڈبری چاکلیٹ۔ اور پارلے بسکٹ جسے تمھارا ٹی۔ وی پوشٹک خوراک کہتا ہے بھی نہ ملے تو رنج نہ کرو۔ کہ یہ رنج کا مقام نہیں خوشی

کا مقام ہے کہ تم مادّیت سے دور اور روحانیت سے قریب ہو رہے ہو۔ پس اور کوشش کرو روحانیت سے قریب تر ہونے کی۔ اناج کے بدلے ہوا کھاؤ (اگر نصیب ہو جائے۔۔!) اور اپنے گناہوں سے توبہ کرو۔

کہ خدا بخشنے والا ہے۔!

اور اے خدا کے نیک بندو۔ جب ہوا اور غم کھا کھا کے مادّیت اور روحانیت کا ایک دوسرے سے رشتہ ختم ہونے لگے۔ یعنی مادّہ یا جسم مٹ جائے اور تمھاری روح قفس عنصری سے پرواز کرنے لگے تب بھی رنج نہ کرو اور نہ موت کے خیال سے خوف زدہ ہو کہ "انّا اللہ و انا الیہ راجعون" (کہ ہر شے اپنی اصل کی طرف رجوع کرتی ہے) اور یہی تمھاری منزل ہے اور اسی طرف تمھیں یعنی جنتا اور عوام کو لوٹ جانا ہے۔ خواص کو نہیں۔!

اور کیا تم نہیں جانتے کہ فاقے کی موت، موت نہیں شہادت ہے۔ اور شہیدوں کے لیے تمھارے خدا نے جو بڑا انصاف والا ہے جنّت کے دروازے کھول رکھے ہیں۔ جنّت تمھارا انتظار کر رہی ہے۔ جہاں سونے چاندی ہیرے زمرّد یاقوت کے محل تمھارے لیے کھڑے ہیں۔ جن میں رہنے کے لیے نہ تمھیں پگڑی دینی پڑے گی۔ نہ منتریوں اور الاٹ منٹ آفیسروں کی خوشامد کرنی پڑے گی۔ اور نا وہاں انکم ٹیکس اور پراپرٹی ٹیکس والوں کے چھاپے پڑیں گے۔

اور اے مومنو۔ اس جنّت میں خاص تمھارے لیے ہر قسم کے اصلی پھل درختوں پر لدے ہیں۔ جنھیں حاصل کرنے کے لیے دھکا مکّی لوٹ مار نہ ہو گی۔

اور تمھارے لیے مدر ڈیری سے زیادہ خالص دودھ اور کھادی بھنڈار سے زیادہ اصلی شہد کی نہریں بہہ رہی ہیں۔

تو چھوڑو یہ سنسار اور چلو اُس پار۔۔۔

(نیا اڈیشن ترمیم و اضافے کے ساتھ۔!)

سیانے چوہے

مثل مشہور ہے کہ "قاضی جی کے چوہے بھی سیانے ہوتے ہیں" گو آج قاضی جی کا دائرۂ عمل و اختیار صرف نکاح تک محدود ہو کر رہ گیا ہے۔ اور نکاح چاہے وہ فلم "نکاح" ہو یا مصری چھوہارے والا اس میں عقل کا دخل ہے کہاں۔! لیکن چوہوں کے سہارے اُن کے سیانے پن کا بھرم آج بھی قائم ہے۔!

اور قاضی جی ہی کیوں اللہ اس کے دانتوں کو سلامت رکھے کہ اس دم اور خم سے بڑے بڑوں اور اچھے بُروں سب کو لیاقت شرافت حماقت پہ پردہ پڑا ہے۔!

کمال دانتوں کا ہے اور خود اس کے سیانے پن کا۔ ورنہ پردے کو فاش ہوتے دیر کتنی لگتی ہے۔

حاکموں کی گدّی اور حکومتوں کی زندگی سب اس کے لب و دنداں کا صدقہ ہے۔!

تازہ ترین واردات۔ ویسے تو کولڈ اسٹوریج اور ڈیپ فریزر نے وقت اور زمانے کو اپنے اندر قید کر کے تازے باسی کے اختلاف ہی کو ختم کر دیا۔ لہٰذا برسوں پرانا حادثہ بھی "تازہ ترین" کے دائرہ میں لایا جا سکتا ہے۔ اور ابھی ابھی کی بات بھی پرانی رنگ اتری۔ زنگ بھری!

یہ تو جناب اپنی سہولت اور سمجھ کا کھیل اور پھیر ہے۔! نئی نو واردات تازہ مگر جواب مزید چند منٹ باسی ہوگئی ایہ کہ اتنے وسیع وعریض ملک کے ایک بہت بڑے صوبے کے عظیم اور لحیم شحیم شعبے میں ایک موٹی تازہ رقم یعنی محض چند کروڑ کی کتابوں کی ہیرا پھیری ہوگئی۔

(مقام شکر کہ چوری نہیں۔!) اور اس ہیرا پھیری کے نتیجے میں پھیرا پھیری شروع ہو گئی۔ بحث مباحثہ، سوال جواب، الزام دشنام کی وہ بمباری ہوئی کہ حکومت کی کشتی ڈانواڈول اور افسر حکام گول مول ہوتے نظر آئے۔ (نظر بندی جگل بندی کا ایک ادنا نمونہ۔!)

پھر جیسا جس کا مقدور تھا کسی نے عقل دوڑائی کسی نے نظر۔ عقل تو خیر کیا دوڑتی نظر جاکر لمبی دم، چمکیلی آنکھوں اور نوکیلے دانتوں والے اس چھوٹے سے جاندار سے جا ٹکرائی جو شیر کو جال سے آزاد کرکے بھی اپنے چنگل سے نکلنے نہ دے۔! وزیر عالی سے لے کر افسر بالا تک خوش کہ جان بچی اور لاکھوں پائے۔ (مزید۔!) اور ہم بھی خوش کہ کسی نے تو کتابوں کو ہاتھ لگایا۔ ڈگری لینے دینے والے نہ سہی چوہے ہی سہی۔! ہمیں تو ایسے ہی سیانے عالم فاضل چوہوں کی تلاش ہے کہ ہاتھ لگ جائیں تو زور، زبردستی، شرافت خوشامد کسی طرح انھیں لائیں اور آنریری ڈگریاں اور بامعاوضہ پروفیسریاں ان کی خدمت میں پیش کریں۔

مگر جناب وہ تو سیانے چوہے ہیں۔ دروازے کے سیدھے راستے آجاکر اپنی جان کا رسک کیوں لیں۔ وہ تو نظر نہ آنے والی زمین دوز سرنگیں کھود کے جہاں چاہیں پہنچ کے سُرخ رو ہو جائیں۔ یہی تو چار پیروں کی اہمیت اور فائدے ہیں۔!

خیر تو اس واقعہ کے بعد ہمیں اس ننھی سی جان سے ایک تعلق خاص پیدا ہو گیا۔ دوستانہ۔ رقیبانہ۔! (اس میں کچھ اپنے جُثے جسامت کا بھی دخل ہے۔!)

بچپن میں سُنی گئی تمام کہانیاں یاد آگئیں۔

بن گیا تھا آڑی باڑی۔

کہانی آپ نے بھی سُنی ہوگی کہ عقل نہ سہی بچپن ہر ایک کو ملتا ہے۔ اور یہ سب جانتے ہیں کہ ایک دُم کے ٹکڑے کے سہارے چوہا کہاں سے کہاں پہنچ جاتا ہے۔

اپنے بل سے راج دربار تک۔!

دُم کا یہ دَم بس جیسوں کا حصّہ ہے۔!

اور پھر چوہوں کے اس ہجوم بیکراں کو بھی آپ نہ بھولے ہوں گے جس سے نجات حاصل کرنے کے لیے دور دیس سے PIPER MAN بلایا گیا تھا بالکل ایسے ہی جیسے ہمارے

آنگن میں لگے پودے کو سمجھنے کے لیے فارن ایکسپرٹس کی ٹیم بلائی جاتی ہے ۔!

بچپن کی ان کہانیوں سے ٹوک اور ٹوک کتھاؤں تک پنچ تنتر سے گل بکاؤلی تک، اور اُردو ہندی عربی فارسی سے انگریزی تک ۔ ہر داستان ہر قصے میں جو ہے کی بھاگ دوڑ عقل سمجھ نئے راگ سُنا رہی ہے ۔ نئے گل کھلا رہی ہے ۔!

دیوتا گنیش جن سے ہر کام کا شری گنیش ہوتا ہے ۔ اور پہلے جن کا بھوگ لگتا ہے ۔ انھوں نے اپنی سواری کے لیے منتخب کیا تو کسے ۔؟ اسی چھوٹے سے جسم اور لمبی دُم والے چوہے کو ۔ کہ اسس کو ترک (کٹ حجت) کو ترک سکھانے اور رقابو میں لانے کا یہی ایک طریقہ تھا ۔ پھر اسس کے بعد تو وہ ہر بھوگی کی ایسی خبر رکھتا اور خبر لیتا ہے اور ان کے بھوگ میں ایسا حصہ بٹاتا ہے جیسا صاحب کا چپراسی صاحب کے دربار کا ۔!

اور آپ نے یہ بھی سُنا ہو گا کہ کھودا پہاڑ نکلی چوہیا ۔ یعنی ایک ایک چوہیا تک اتنی اہم ہے کہ اسے حاصل کرنے کے لیے پورا پہاڑ کا پہاڑ کھودنا پڑتا ہے ۔ کس قدر قابلِ تکریم ہے وہ ہستی جس کے لیے اتنا خرچ اور وقت صرف کیا جاتا ہے ۔

غرض یہ کہ آپ کا کتب خانہ ہو یا دیوان خانہ ۔ باورچی خانہ ہو یا مودی خانہ ۔ خانہ آباد ہو یا خانہ برباد اُن دیکھی اُن جانی راہوں سے یہ موجود ۔

ڈرانے سے یہ ڈرتے نہیں ۔ بھگانے سے بھاگتے نہیں پنجرے میں پھنستے نہیں ۔ زہر سے مرتے نہیں ۔ بس چھوٹی چھوٹی شریر آنکھوں سے آپ کو دیکھتے رہیں گے ۔ گویا آپ کی بے بسی کا مذاق اُڑا رہے ہوں ۔ اور جب سے ہماری سرپرست ہمارے سروں سے اٹھی ہیں تب سے ان کی آنکھوں میں بغاوت اور انا کے شعلے اور تیزی سے لپک رہے ہیں ۔

جتنے یہ ڈھیٹ ہوتے ہیں اتنے ہی ڈرپوک ۔ ذرا سی آہٹ پہ اپنے بلوں میں دبک جائیں اور دوسرے لمحے پھر موجود ۔

سیانی بلی کے خلاف بڑی بڑی تقریریں یہ کریں اور گھنٹی آپ کے ہاتھ میں تھمادیں گے ۔!!

مگر یہ ہوتے ہر جگہ ہیں ۔!

ووٹ پکّی سیاہی کے

زبان خالہ بی کی۔ واللہ کیا فرّاٹے بھرتی ہے۔ نہ پل بھر کو تھمے۔ نہ دم بھر کو رُکے۔ شاید انڈین ریلویز نے اسی سے عبرت حاصل کرکے سُپر فاسٹ گاڑیاں چلائی ہیں۔

مگر اصل مسئلہ چلنے کا نہیں۔ کہ چلتی تو ہر زبان ہے۔ مسئلہ ہے اس کے ٹھوس اور پکّی ہونے کا۔ فولادی خالہ سر کے سفید بالوں سے لے کر پیروں کی کالی ایڑی تک 'آیرن اینڈ اسٹیل فیکٹری ہیں۔

بڑے بڑوں سے "آبیل مجھے مار،، کا آموختہ پڑھ کے ٹکر لے لیں۔ عالمی سوکھے کے باوجود اچھے اچھوں کو پانی بھروا دیں۔ اس پہ غضب یہ کہ ان کی ہر وقت چلنے والی زبان سے نکلا ہر لفظ پتھر کی لکیر۔ کیا مجال کہیں جو ذرا بھول چوک ہو جائے ـــ!

کچھ تو وہ تھیں فولادی۔ کچھ لوگ بھی جھنڈے پہ چڑھائے ہوئے تھے۔ اب خالہ بچاری ہیں کہ جھنڈے کی صلیب پہ لٹکی لٹکی اپنی پتھر کی لکیر پیٹ رہی ہیں۔ اور دنیا بھر میں اٹھا پٹک مچائے رہتی ہیں۔

ارے اوروں کی طرح 'زبان کو پھسلنے والا چمڑا کہہ کے ہر پُل صراط سے نٹا فٹ گزر جایا کرتیں۔ خود بھی عیش کرتیں دوسرے بھی چین کی بنسی بجاتے۔

مگر یہی سب ہوتا۔ تو وہ فولادی خالہ کیوں ہوتیں.... تو گویا۔

"ڈبویا اُن کو ہونے نے ــــــ"

خیر۔ اب اصل داستان یوں شروع ہوتی ہے۔ کہ خالہ بڑ گئیں ایک بار ووٹ کے چکر میں۔ ارے نہیں صاحب ووٹ لینے کے نہیں ووٹ دینے کے۔ اور اسی لین دین میں ان کے بھی لینے کے دینے پڑ گئے۔

وطن عزیز اور ملک عجیب ہمارا الیکشن کے اعتبار سے بڑا زرخیز ہے سال کے باروں مہینے کوئی نہ کوئی، کہیں نہ کہیں، کسی نہ کسی قسم کا الیکشن لڑتا لڑاتا رہتا ہے۔ مگر یہ الیکشن کچھ خاص قسم کا تھا۔ کہ کئی دنوں سے "جیتے گا بھئی جیتے گا ــــ اور اپنا نشان ــــ" کی کان پڑی آوازیں آئے چلی جارہی تھیں ادھر چوبیسوں گھنٹے "رمبھا۔ ہو۔ ہو۔ ہو" اور "آپ کا کیا ہوگا جناب عالی" قسم کے گانوں سے ویسے ہی خالہ کی نمازیں گھپلے میں پڑی جارہی تھیں۔ اب ان کے پاس کوئی CACU-LATOR۔ تو تھا نہیں کہ ہر ٹوٹنے والی رکعت کا حساب رکھتی جاتیں۔ ایسے میں آ گئے شامت کے مارے ووٹ جی ووٹ مانگنے۔

غصہ کا کچھ حصہ خالہ نے پیش کیا مہمانوں کی خدمت میں۔

"اے میاں تم لوگوں کو تو جیسے لت پڑ گئی ہے لکشن کی۔ کھانا ہضم نہیں ہوتا اس کے بغیر..... یہ کان پڑی آوازیں سن رہے ہو ۔ ایک آدھ دن کی بات ہو تو کوئی کہیں چلا بھی جائے۔ ہر وخت میں کاں دوڑتی پھروں اپنی مرغیاں بکریاں۔ بلّیاں۔ کتے اور توتے چھوڑ کے"

خیال رہے کہ خالہ کا گھر یونین۔ او کا ہیڈ کوارٹر بنا ہوا تھا۔ ان کے کھرے کھرے غصے سے ویسے ہی پورا محلہ کانپتا تھا۔ آنے والے ڈرتے ڈرتے بولے۔

"خالہ یہ سب تو ہوتا ہی ہے الیکشن میں"

"اے کیوں ہوتا ہے ــــ؟"

"خالہ۔ یہی تو الیکشن کی بہار ہے"

اور پھر وہ کرجو امیدوار نہیں تھا۔ مگر امیدوار سے کہیں تیز طرّار تھا خالہ کو سمجھانے لگا۔

"اب دیکھونا خالہ! بیٹھے بیٹھائے کتنوں کی روزی روٹی چلتی ہے۔"

"اے لو۔ موئے اس بینڈ باجے سے بھی کہیں کسی کا پیٹ بھرا ہے۔"

بینڈ باجے سے نہیں خالہ۔ بلکہ بینڈ بجانے سے باجے والے کو روپیا ملے گا۔ لاؤڈ اسپیکر سے ملے گا۔ رکارڈنگ سے ملے گا۔ رکشے والے کو ملے گا۔۔۔ ہے کہ نہیں۔۔۔؟ تو اب غریب کی روزی روٹی الیکشن سے چلی کہ نہیں۔!

اب خالہ لاکھ فولادی سہی مگر تھیں تو خالہ۔ ان کے دل میں یہ بات سیدھی اُتر گئی اور وہ الیکشن کی افادیت کی دل وجان سے قائل ہوگئیں۔

"ہاں بھیاّ۔ یہ کام تو تم لوگ بڑا نیک کرتے ہو۔"

لوہا گرم اور چارہ نرم دیکھ کے "ووٹ جی" نے ڈرتے ڈرتے جال پھینکا تو پھر خالہ، آپ کا ووٹ تو پکاّ سمجھوں"۔

" اے پکاّ سا پکاّ۔ خالہ کی بات پتھر کی لکیر۔"

پھر انھیں ایک دم یاد آیا کہ جہاں پتھر پڑنے والے ہیں۔ اس کا نام نشان تو پوچھا ہی نہیں پھر تیر نشانے پہ کیسے بیٹھے گا۔۔۔ "ہاں نام کیا بتایا بھیاّ تم؟

"ہیرالال۔۔۔ اپنا نشان۔۔۔ گھوڑے کے بال۔۔۔۔۔ خالہ بھولیے گا نہیں

"لو اور سنو۔۔۔ خالہ اور بھول جائے۔۔۔۔ !مگر بھیاّ اِن آوازوں کا کچھ کرو۔"

"ارے خالہ آپ ووٹ تو دیجیے۔ ادھر ہم گئے نہیں نگر نگم میں اُدھر یہ سب بند۔ ایسا سناٹا کروادوں گا آپ کے گھر کے آس پاس کہ آپ چوبیسوں گھنٹے بیٹھی اپنے توتے بلّی تک کی سانسیں سن بھی سکیں گی اور گن بھی سکیں گی۔" سب کے اپنے اپنے داؤ پیچ جاری تھے۔ وہ بھی خوش اور خالہ بھی خوش۔ اسی خوشی میں خالہ دوبارہ بتبارہ نیّت باندھ نماز پڑھنے کھڑی ہوگئیں۔

نماز پڑھ کے کمر سیدھی بھی نہ کر پائی تھی کہ سگی بھانجی اپنی درجن بھر سہیلیوں کے ساتھ۔ کھٹی کھٹی۔ کھی کھی کرتی نازل ہو گئی۔ پہلے تو خالہ نے حسبِ عادت سب کی خوب خبر لی کہ "اچھی اچھال چھکا ہوائی دیدہ ہو کہ بھری دوپہریا میں کالج سے بھاگ ٹھٹھے لگاتی گھوم رہی ہو۔ کوئی دیکھ لے گا۔ سن لے گا تو کیا کہے گا۔ کہے ڈرتی ہوں کسی ایک کو برنہ جڑے گا۔ ہاں"۔

لڑکیاں ہنسی خوشی ڈانٹ کھاتی رہیں۔ کہ اس کے ساتھ انھیں پلیٹ بھر دال چوڑا بھی ملا تھا اور حلوا بھی۔۔۔ پھر بیان کیا اصل مقصد چلچلاتی دھوپ میں ہلہ بولنے کا کہ پیاری بھانجی کی پیاری سگی کے دلارے بھیا کو بھی خالہ کا ووٹ چاہیے تھا۔

خالہ نے پاس پڑی جھاڑو اٹھائی۔ اور لپکیں پیاری بھانجی اور اس کی سکھی کی طرف۔ خیر۔ پیاری بھانجی تو بھانجی۔ محلے کا ہر دوست دشمن خالہ کے پینتروں سے خوب واقف تھا۔ ان کی نرم گرم ہر نظر پہنچانتا تھا۔ سب بھرے پیٹ کے قہقہے انڈیلتی رہیں۔ مگر خالہ کے گال دم بدم گلال ہوتے جا رہے تھے۔

"اری بدبختو۔ اس سے پہلے کیا سو رہی تھیں افیم کھا کے۔ اب نیند کھلی ہے تمھاری حسرت ہی رہ گئی کہ کوئی ایک کام تو تم چھو کر لو ڈھنگ سے کر لو"۔

"اے تو خالہ جلدی کا ہے کی ہے۔ ابھی تو چار دن ہیں ووٹ پڑنے میں"۔

"مگر بٹیا ہم نہ دے پاویں گے"۔

"کا ہے نہ دو گی۔ بھیا تمھاری آفت نہ کر دے گا۔ ہم اسی کو بھیجے دیتے ہیں"۔

بھانجی بولی۔

"کیا" اس سے کچھ ناراض ہو خالہ۔ ویسے وہ ہے پکا بدمعاش" سگی بہن

نے بھائی کے خلاف زہر اگلتے ہوئے جلے دل کے پھپھولے پھوڑے —
"مگر خالہ۔ اب کی بار اور معاف کردو۔ ووٹ آپ کا اسی کو ملنا چاہیے۔"

"تو سن لو بات ان لڑکیوں کی۔ ارے اپنے گھر کے بچے سے بڑھ کے کس کا حق ہے۔"

"تو پھر کیا پریشانی ہے......... جا رہے ہیں ہم لوگ"

"اے میری بِٹیا تو سُن لو۔ میں تو دوسری پارٹی والوں کو زبان دے چکی ہوں۔"

"بھلا اپرے غیروں کو زبان دینے کی کیا ضرورت تھی۔" بھانجی ہتّے سے اکھڑ گئی۔

"اب مجھے کیا الہام ہوا تھا کہ اپنا اچھا بھلا بچہ بھی ایسے جھنجھٹوں میں پڑ جائے گا۔ پھر بھی پہلے سے کہہ دیتیں تو میں کاہے کرتی کسی سے وعدہ —"

"اے خالہ۔ کیا الیکشن۔ کیا الیکشن کے وعدے۔ اس میں "نا" کسی سے کہتے نہیں اور کرتے اپنی مرضی کی ہیں۔ سو کرنا آپ کو بھی اپنی مرضی۔ یعنی اماں کی مرضی۔ یعنی بھیا کی مرضی کی ہے۔ بھیا اور اماں نے یہی کہلایا تھا۔۔ اب ہم تو جا رہے ہیں —"

"بھولنا نہیں خالہ۔ ہم آکے لے جائیں گے آپ کو —" سب کی سب چہکیں۔ لیجیے۔ حضور۔ یہ ذرا ذرا سی لڑکیاں خالہ کو مشکل میں ڈال چلتی بنیں۔ خالہ کی زبان ایک بات ایک۔ وہ بھی پتھر کی لکیر۔ اور پھر منہ دکھانا تھا خدا کو۔ گوری چٹی خوبصورت ویسے ہی تھیں۔ حسین چہرے کو داغ دار بنا کے کیا جاتیں عالم بالا کو۔

رفعت اور ماندن کے سارے کھڑکی دروازے بند اور خالہ کی گز بھر کی زبان لپک جھپک خود اپنے پہ کوڑے برسائے جا رہی ہے۔ کہ کریں تو کیا اور نہ کریں تو کیا۔

داستان خالہ کی یہیں ختم نہیں ہوتی۔ خالہ ہل ہل کے اپنے مولا سے مشکل آسان کرنے کی دعا مانگ رہی تھیں کہ محلّے کے وکیل بھیا آ گئے۔ ان کو دیکھ کے خالہ ہمیشہ پھول کی طرح کھل جایا کرتی تھیں۔ سارا گھر خوشی سے بھر جاتا۔ سارا محلّہ جن کے دم سے چین آرام سے بسر کرتا تھا۔ آج انھیں کے بے وقت آنے سے خالہ کی سِٹّی گم ہو گئی۔ کہ

" ساقی نے کچھ ملا نہ دیا ہو شراب میں۔"

" ہو نہ ہو یہ بھی ووٹ کا چکّر ہے۔"

بند نیا سے پان کھا کے زردے کی چٹکی بھر وکیل صاحب کھڑے ہو گئے۔

" خالہ بیگم میں تو بس ایسے ہی آ گیا تھا۔ بھلا آپ سے کہنے کی ضرورت ہی کیا ہے۔

.... آج سے چوتھے دن ووٹ ڈالنا نہ بھولیے .... میرا نشان....."

اور خالہ کو اپنا نام و نشان مٹتا نظر آنے لگا... تو بھیا وکیل بھیا سے بڑھ کے ان کے ووٹ کا حقدار کون ہو سکتا ہے.... اچھے برے میں ساتھ دیں وکیل بھیا۔ کوئی بیمار ہو۔ دوا لائیں وکیل بھیا۔ کہیں آنا جانا ہو۔ گاڑی لائے وکیل بھیا کی اب اللہ مارے اس ایک نٹھو ووٹ کے چکّر میں زندگی بھر کے رشتے ناتے خاک میں ملے جا رہے ہیں۔ ہائے پہلے آ جاتے تو کیا بگڑ جاتا۔

اب خالہ پہ پڑنے لگے اختلاجی دورے۔ کبھی گھبراہٹ۔ کبھی ٹھنڈے پسینے کبھی بخار۔ بس وہ دوڑیں چھوٹی بہن کے گھر۔

" اے رابعہ میرا تو آخر وقت آ لگا۔ کہا سنا معاف کرنا۔ پھر لگیں جھوم جھوم کے دعائیں مانگنے۔" اے میرے مولا۔ میرے مشکل کُشا۔ مجھے کچھ نہ کچھ ہو ہی جائے۔ فالج گرے۔ ٹانگ ٹوٹے۔ بخار آ جائے۔ کچھ تو ہو کہ میں اس نگوڑے مارے ووٹ سے بچ جاؤں۔

بہن نے بڑے اطمینان سے کہا۔" تو نہ جانا۔"

"اے لو بیوی۔ کس آسانی سے تالو سے زبان لگائی اور کہہ دیا" نہ جانا"
"وکیل بھیا کہہ گیا ہے۔ انگلی کا نشان دیکھوں گا۔ نہ ملا تو زندگی بھر کے لیے بات چیت بند۔"

"ارے آپا تو ایسی کیا مصیبت ہے۔ تینوں میں سے جسے چاہو ووٹ دے دینا۔ الیکشن کے وعدے تو ایسے ہی ہوتے ہیں۔"

"اے بیوی پھر وہی مرغے کی آدھی ٹانگ۔ بائی یہ الیکشن کا وعدہ نہیں۔ ہماری زبان ہے۔ پتھر کی لکیر۔"

"ہم سے تینوں نے کہوا لیا کہ ہمارا ٹھپا انھیں کے نام پہ لگے گا۔ ہائے ہائے۔ اب تو اپنے ہی نام پہ دھبا لگنے کا وقت آگیا۔ اللہ میرے۔ مولا میرے۔ قیامت بھیج۔ زلزلہ بھیج۔ آندھی طوفان کی تیاری کر۔ اور نہیں تو میرا ہی جنازہ اٹھوا لے۔"

اور پھر چار کاندھوں کی سواری کے بجائے۔ دو ٹانگوں کے سہارے وہ ہانپتی کانپتی گھر آئیں۔ اور ایسی پڑیں کہ کسی کو منہ نہ دکھایا۔

پھر چوتھے دن خوشی خوشی لال گلال بنی۔ دھانی گلابی جوڑا پہنے۔ عطر تیل میں بسی مہکتی لہکتی چل آرہی ہیں۔ سارا گھر خالہ کی طرف سے مایوس ہو چکا تھا۔

اب جو یوں گل و گلزار دیکھا تو سب لپکے۔

"خالہ دے آئیں ووٹ؟"

"اے لو دیتی کیسے نہیں۔ وکیل بھیا نے کہہ جو دیا تھا کہ نشان دیکھوں گا... یہ لو تم بھی دیکھ لو۔"

"اچھا تو پھر کسے دیا ووٹ؟"

"جس سے وعدہ کیا تھا۔ ہم تو بھیا زبان کے سچے بات کے پکے ہیں؟"

"مگر خالہ وعدہ لینے تو تین آئے تھے۔ پھر دوسے تو آپ جھوٹی بنی نا؟"

"کیوں بنتے ۔۔۔ ہماری زبان پتھر کی لکیر ۔۔"
'نمبر کیسے خالہ ۔۔!'
"اے لو بٹیا اتنا نہیں سمجھتیں ۔ ہم نے طے کر لیا کہ تین سے وعدہ کیا ہے تو تینوں کو ووٹ دیں گے ۔ تو اٹھائی سیل اور شروع کر دیا ٹھپا لگانا۔ ٹھپا ٹھپ ۔ ٹھپا ٹھپ ۔ ٹھپا ٹھپ ۔"
"بات ہماری ایک زبان ہماری ایک ۔ وہ بھی پتھر کی لکیر ۔۔!"
اور ووٹ ہمارا پکی سیاہی کا۔۔

ملاقات بڑے لوگوں سے

بڑے لوگوں سے ملتے رہنا چاہیے۔ یا ملنے کی کوشش کرتے رہنا چاہیے۔ اس کے بہت سے فوائد ہیں۔ اس بحث میں پڑکر اپنا وقت کہ جو قیمتی بھی ہوسکتا ہے برباد نہ کیجیے کہ بڑے، کی تعریف کیا ہے۔ ارے بڑا تو ہے ہی قابل تعریف۔ اب پیپر سیٹر کی طرح آپ ایک سوال اور داغ دیں گے کہ ہم بڑا کسے سمجھتے ہیں۔

ویسے تو ہر سوال کا جواب امتحان میں بیٹھنے والا طالب علم تک نہیں دے پاتا۔ ودھان سبھا، لوک سبھا اور اس قسم کی دوسری تمام سبھاؤں میں منتری مہودیہ لاکھوں روپے کے صرفے خرچے کے بعد نہیں دے پاتے اپوزیشن والے ''شیم شیم'' کیے جاتے ہیں۔ اور منتری جی کا ایک نمبر بھی نہیں کٹتا۔ اور وہ نمبروں کے ون بنے رہتے ہیں۔

اور خدا کے پاس کب ہر سوال کا جواب ہے۔

کتنے میرے سوال ہیں جن کا نہیں جواب۔

مسئلہ ہمارے سامنے یہ تھا کہ بڑا کسے کہیں۔؟

عام اصطلاح میں جس کے گھر بھیڑ بھاڑ زیادہ ہو وہی بڑا آدمی سمجھا جاتا ہے۔ مگر ٹھہریے۔ یہاں بھی کچھ گڑبڑ ہے۔ کبھی کبھی ہماری برتن والی

کے گھر بھی اہل محلّہ کی بھیڑ لگ جاتی ہے۔ جب وہ ایک دو وقت کا لگاتار دوھا مار دیتی ہے۔

خیر اس بحث میں نا ہی پڑیں۔ (اعتراف شکست کا باعزت طریقہ)۔

ہمیں پچھلے دنوں دو ایک منتریوں اور نکمیہ منتریوں کے در پہ حاضری دینے کا شرف حاصل ہوا۔ اور یہ ان مول موتی ہم نے وہیں کے تجربات سے اکٹھے کیے۔ رہی ملاقات۔ تو نہ ہمارے ستارے اتنے درخشاں۔ نہ ان کی قسمت اتنی بلند۔ ویسے بھی ملاقات شرط نہیں۔ صرف ان افسروں سے، وزیروں سے کہ جن کے در پہ سوار سے لے سواریوں تک کی بھیڑ بھاڑ ہو اُن سے اکثر ملتے رہنا چاہیے۔ بس ان کے در تک رسائی اور مستقل حاضری کافی ہے۔

ایک آف دی ریکارڈ بات یاد آئی۔ ایک در پہ ہماری حاضری، رسائی کی آس یں اس حد تک بڑھ گئی تھی کہ "سنگ در گھستے گھستے مٹ جانے والی نازک حالت تک پہنچ گیا۔ اور CASUAL VISITOR اور DAILY WAGES والے ہمارا ناتا منتری جی سے جوڑ کر ہم سے اس عزت و تکریم سے پیش آنے لگے جو منتری کا ہی حصہ ہوا کرتی ہے۔ بلکہ اس سے بھی کچھ زیادہ۔ شکر ہے کہ کسی ہنگامے کے کھڑے ہونے سے پہلے ہمارا کام ہو گیا اور ہم نے اپنا پتہ ڈال سمیت خود ہی کاٹ لیا۔!

ہاں تو صاحب۔ بڑے آدمی سے ملنے کے لیے وقت بھی لیا جاتا ہے۔ اور وقت کے لیے بار بار فون کرنے سے امیر۔ کبیر۔ وزیر کے پی۔ اے کو آپ کا نام یاد ہو جاتا ہے۔ وہ یاد کرنے کی زحمت گوارا کرے نہ کرے آپ کو ازبر ہو ہی جاتا ہے۔ پھر اسی دور بھاشی سلسلہ گم گشتہ ذکر ٹیلی فون کی آواز آتے آتے اکثر غائب ہو جاتی ہے۔!) کے سہارے آپ اور دل پہ رعب مار سکتے ہیں۔ کبھی دیسی انداز میں دستی بم پھینک کر۔ کبھی کنکر پتھر اچھال کر اور کبھی رس گلا مار کر۔

رس گلے سے کیسے اور کیوں مارا جاتا ہے۔ اس پر ریسرچ نہیں کی۔ اور یہ بھی علم نہیں کہ کب سے یہ طریقہ کار کہ جو سراسر بے کار ہے رائج ہے۔ مگر ابھی ابھی۔ کچھ بج کر کچھ منٹ پر آکاش وانی سے ایک لوک گیت اس کے استعمال بے جا کے سلسلے میں رس گھول گیا۔

د مار دیور رے رس گلا گھمائے کے،

بھلا بتلائیے رس گلے کھانے کو ملتے نہیں۔ دیکھنے تک کو آنکھیں ترستی ہیں اور یہ خاتون ہیں کہ تڑا تڑ رس گلوں کی چاند ماری کروا رہی ہیں۔ کبھی سسر جی کو مارتی ہیں۔ کبھی ساسو جی کو۔ کبھی دیور یا کو کبھی سیاں کو۔ یقیناً کسی پھوہڑ بے ڈھنگی بہو کی حرکت ہوگی۔

لیجیے۔ اب یہ رس گلے یہاں کہاں سے آگئے۔ خیر جب بھی آئیں گے۔ جہاں سے آئیں گے۔ آئیں گے تو نہیں۔ دستِ غیب سے وزیر کے بنگلے پر۔ حلوائی کی دکان پر فاتحہ پڑھے جانے کے بعد۔ خوبصورت AIR TIGHT ڈبوں میں پیک ہو کر۔

تو جناب عرض یہ کرنا تھا کہ حضور وزیر سرکار ملیں یا ملیں۔ ان کے پی۔ اے مل جاتے ہیں...... پی۔ اے۔ غور فرمایئے کتنا سہانا من بھاونا لفظ ہے۔ ان پھوہڑ بیگم صاحبہ کے رس گلوں کی طرح۔

خیر پی۔ اے بھی نہ ملیں تو ان کا نام تو ہاتھ لگ ہی جاتا ہے۔ اور آج کل اتنی اٹھا پٹک۔ اتنی بھاگ دوڑ۔ اتنی ہیرا پھیری نام ہی کے لیے ہوتی ہے۔ (بشرطیکہ دیگر تمام خلنے بھر چکے ہوں — !)

بار بار فون کرتے رہنے سے اکثر پی۔ اے سے دوستی بھی ہو جاتی ہے۔ پھر پڑ گئی وزیر پہ شبہ۔ کہ جب پی۔ اے مہربان تو وزیر کی اہمیت ہی کیا — ؟

حال ہی میں ہماری دوستی ایک پی۔ اے رام بھروسے سے ہوگئی۔

کہ مستقل پانی کی بوند پڑنے سے پتھر میں بھی سوراخ ہو جاتا ہے۔ یہ رام بھروسے وہ چیز ہیں کہ خود وزیر صاحب کی وزارت انھیں کے بھروسے اور دم پہ قائم ہے۔ پھر ہمیں کسی اور رحیم کی تلاش کیوں ہوتی۔ ہم انھیں کے نام کی مالا جپتے انھیں کے بھروسے بڑی شان سے (اپنی دانست میں) جی رہے ہیں۔

ویسے اطلاعاً عرض ہے کہ شاید ہمارے علاوہ کسی نے انھیں قابلِ بھروسا سمجھا بھی نہ ہو۔ اس لیے وہ ہمارے بھروسے کو ٹھیس نہیں پہنچانا چاہتے۔ اور ہمارا پورا پورا خیال رکھتے ہیں۔ ہمارے کام خود بھی فٹا فٹ کر دیتے ہیں اور دوسروں سے بھی کروا دیتے ہیں

اور اب آپ سے کیا چھپانا۔ جہاں کہیں صرف فون سے کام چل سکتا ہو۔ وہاں منتری جی کی آواز کی نقل اتار کر ان کی طرف سے حکم صادر کر دیتے ہیں۔ دا آنجہانی کی مترنم آواز کا قابلِ احترام اور قابلِ تقلید واقعہ اہل وطن بھولے نہ ہوں گے۔!)

خیر صاحب پی۔ اے اور انڈر سکریٹری اور ڈپٹی سکریٹریوں وغیرہ سارے کوہ ہائے گراں بار و گرانڈیل پار کر کے آپ پہنچے لبِ بام۔ داتا کے دربار کے قریب یعنی VISITORS ROOM میں جہاں آپ کو آپ ہی کی طرح کے دو تین سو ضرورت مندوں کے ساتھ انتظار کی نشاط آگیں کیفیت سے لطف اندوز ہونے کے لیے چھوڑ دیا جاتا ہے۔ لیجیے۔ اب معلوم ہوتا ہے کہ ایک کانجی ہاؤس ہے جہاں بھانت بھانت کے جانور لا لا کے چھوڑے جا رہے ہیں۔ اور سب کو ٹھنڈے پانی کے ساتھ اس یقین کی گولی کھلائی جا رہی ہے کہ اندر سے بلاوا بس ابھی آتا ہے۔ اور آپ پوری طرح سمجھ رہے ہیں کہ کہ سرکارِ مدینہ اور دربارِ الٰہی سے تو بلاوا پہلے آسکتا ہے ادھر سے نہیں۔ مگر کیا کیجیے۔ کہ حکمِ حاکم۔

یہاں اور کچھ نہیں تو چند شناسا چہرے ضرور مل جائیں گے۔ جن سے آپ اتنی مدت سے نہیں ملے کہ شناسائی کی ڈور بس ٹوٹنے ہی والی تھی۔ ان سے تجدید ملاقات کیجیے۔ اور خوب جی بھر کے اطمینان سے باتیں — آنے والے کئی برسوں کے لیے بھی — اگر اس سے زیادہ اطمینان کہاں نصیب ہوگا — بے ہلدی پھٹکری والا۔ نہ ان کی خاطر مدارت کی فکر نہ چائے دودھ شکر کی سرگرانی۔

اگر کسی قحط زدہ موسم میں شناسا چہرے نا بھی ملیں تب بھی خوش ہونے کے سامان کم نہ ہوں گے۔ بڑے بڑے صاف شفاف کمرے۔ یہ لمبے لمبے جھولتے فرش کو چھوتے قیمتی خوش رنگ پردے۔ نایاب آرٹ کے نادر نمونے۔ ہوش حواس گم کر دینے والی شاہکار تصویریں۔ قیمتی صوفے نرم گدے۔ پاکٹ ایڈیشن سے لے کر قدِ آدم گلدان۔ جن میں بیک وقت پھول پتے پیڑ سب سجے ہوں۔!

یہ سب اپنے گھونسلوں اور غریب خانوں میں کہاں۔ ایسے محل محلات کی دید سے تو غریب خانے کے معنی مع مثال پوری طرح سمجھ میں آجاتے ہیں۔

خیر ان سب چیزوں کا حاصل کرنا ممکن نہیں مگر ان سے باخبر ہونے پر تو کوئی پابندی نہیں۔ سو ان کا دیدار کیجیے۔ فرصت سے۔ علم میں اضافہ کیجیے اور ذوقِ نظر کی تسکین کا سامان۔

کبھی علم کے حصول کے لیے لوگ چین تک چلے جایا کرتے تھے۔ ہم لوگ ایک منتری کے دفتر اور بنگلے تک نہیں جا سکتے۔

ہم نے تو INTERIOR DECORATION کا ڈپلوما انھیں دروں کی خاک کے صدقے لیا ہے۔ اور آرٹ پر جو ہم اتنے فرّاٹے سے بغیر گرے لڑکھڑائے (پی۔ ٹی اوشا کی دوڑ کی طرح۔!) گفتگو کر لیتے ہیں وہ بھی یہیں کی دین ہے۔

بڑے لوگوں سے ملنے بڑے لوگوں کی دوسری قسم بھی آتی ہے۔ یعنی

مظلومین کے علاوہ مسرورین بھی۔ مثلاً کروڑپتی ارب پتی بزنس مین۔ بڑی بڑی فرم کے ڈائرکٹر منیجر۔ پبلسٹی آفیسر۔ جرنلسٹ وغیرہ وغیرہ۔ اہم مقامات پر بار بار دکھائی دینے سے آپ صورت آشنا کے درجے پر پہنچ جائیں گے۔ اور ادھر ادھر کی ڈنر کسی پارٹی۔ کسی تقریب میں ملیں تو سب سے ہلو ہلو ضرور ہو گی۔

تب ساتھیوں پہ رعب کے وزن کا اندازہ لگا لیجیے۔

ایسے مقامات پر جانے کے لیے خود کی پرسنالٹی کو بھی ذرا ٹرم رکھنا پڑتا ہے۔ ڈھنگ کے کپڑے۔ زلفوں کی تراش خراش اچھی۔ چہرے کی چمک دمک جاذب نظر۔ ایک خاص اسٹائل۔ مخصوص ادا۔ نپی تلی مسکراہٹ۔ نپے تلے قدم۔ کچھ علمیت کا رنگ کچھ زبان کا ڈھنگ۔ قابلیت کا خم۔

تو اللہ کرے یہ آن بان۔ شان رہتی دنیا تک قائم رہے۔

بَد اور بَدنام

بد اچھا۔ بدنام بُرا۔۔
مگر جب بدنامی میں بداعمالی بھی شامل ہو تو بدحالی کی کیفیت نہ پوچھیے۔
شاپنگ اوروں کے لیے ضرورت ہوگی۔ ہمارے لیے تو تفریح ہے۔ دلچسپی اور دلبستگی کا سامان۔ ذرا طبیعت مچلی اور ہم جھولا اٹھا کے چلے شاپنگ کو بالکل ایسے ہی جیسے سمجھدار پکچر دیکھنے یا کلچرل شو میں یا چہل قدمی کو جاتے ہیں ــــ!

لہٰذا ہمارا شب و روز کا زیادہ حصّہ گھر اور کالج کے بجائے شہر کے مختلف بازاروں میں گزرا کرتا ہے۔ اور دوسرے شہروں میں بھی ہم شاپنگ کا کوئی موقع ہاتھ سے جانے نہیں دیتے۔ خواہ ٹرین ہی کیوں نہ چھوٹ جائے۔ یا وہ میٹنگ ہی ختم ہو جائے جس میں شرکت کرنے ہم اس شہر آئے تھے۔ نتیجے میں ہمارا وہ T.A./D.A. بھی منسوخ ہو جاتا ہے۔ جس کی آس میں ہم نے پیشگی ہی اتنی ساری شاپنگ کر ڈالی تھی۔ اور ہمیں واپسی کے لیے قرض ادھار کا انتظام کرنا پڑتا ہے ــ!

خیر قرض اُدھار کی بات چھوڑیے کہ اس میں ہمارا بال بال بندھا ہے ــ (تب ہی تو ہم بال کٹوا کٹوا کے انھیں مختصر سے مختصر کیے دے رہے ہیں ــ!)

ظاہر ہے شاپنگ کا شوق کچھ ہاتھی پالنے سے کم نہیں۔ اب آپ بازار جائیں گی تو سارا وقت جوتیاں چٹخاتی سینڈل کھٹکھٹاتی تو جائیں گی نہیں۔ سواری تو چاہیے ہی۔ بلکہ قاعدے سے تو واپسی میں سامان کے لیے ٹیکسی کے پیچھے ٹرالی بھی لگنی چاہیے۔

اور بھتی گھنٹے دو گھنٹے کی کڑی محنت مشقت کے بعد چائے کافی، کولڈ ڈرنکس، آئس کریم وغیرہ کی بھی ضرورت محسوس ہونے لگتی ہے—!
اور جو سامان آپ خریدیں گی۔ وہ تو خریدیں گی ہی۔ کوئی تحفتاً تو پیش نہیں کیا جائے گا۔ پھر تو ایک ایک بال کئی کئی قرضوں میں بندھا ہوگا۔

نوک سے لے کر جڑ تک گرہ ہی گرہ ہوں گی۔

وہ بھی گرہ نیم باز——!

کب سے یہ شوق ہمارے اندر موجیں مار رہا ہے ہم نہیں جانتے۔ ہاں جب سے ہوش سنبھالا خود کو اسی عالم میں پایا۔ ویسے غیروں اور اپنوں کی رائے میں ہوش سنبھالا ہی کب۔ ورنہ اس عبرتناک انجام سے بچ جاتے۔ مگر سنی سنائی پہ دھیان دینا اور اغیار کو خاطر میں لانا کہاں کی دانش مندی ہے——!

تو خیر۔ جس طرح غالبؔ، صبح ہوئی اور کان پہ دھر کے قلم نکلتے تھے؛ ویسے ہی ہم کاندھے پہ جھولا دھر کے نکلتے ہیں۔ اور ہمارے لیے تو صبح شام کی قید بھی نہیں۔ صبح شام دوپہر۔ جب جی چاہا نکل کھڑے ہوئے۔

اور

ترے کوچہ ہر بہانے مجھے دن کو رات کرنا
کبھی اِس سے بات کرنا کبھی اُس سے بات کرنا

والی کیفیت ہے۔ کبھی یہ چیز دیکھ رہے ہیں۔ کبھی وہ چیز۔ کبھی ساری کی قیمت پوچھ رہے ہیں تو کبھی دال آٹے کا بھاو معلوم کر رہے ہیں۔ کبھی اس سڑک پہ جا رہے ہیں جہاں پاپڑ بڑیاں ملتے ہیں تو کبھی اُس گلی کی خاک چھان رہے

ہیں اسمگل کیا ہوا ایمپورٹیڈ مال بکتا ہے۔

ہمیں یہ بھی معلوم ہے کہ لیٹیسٹ فیشن کا سامان کہاں ملتا ہے۔ پرانے کپڑے کہاں۔ اور یہ بھی کہ اصلی شہد اور خالص گرم مسالے کون سا عطار دیتا ہے۔ اور نقلی سونا کون سا سنار۔

اور یہ کہ کہاں خریدار لُٹتا ہے اور کہاں دُکاندار ــــــ!

غرض یہ کہ فنِ شاپنگ کے تمام اسرار و رموز سے ہم واقف ہیں۔ لہٰذا اس پر ہمیں اتھارٹی مانا جاتا ہے اور ہمارے برس ہا برس کے تجربوں سے حاصل کی گئی علمیت اور مہارت اور ڈھیروں دولت لٹا کے بنائی گئی ساکھ سے ایک زمانہ فیض یاب اور سیراب ہونا چاہتا ہے۔

جسے دیکھیے ہمارے ساتھ شاپنگ جانے یا ہمیں اپنے ساتھ لے جانے کے لیے بے تاب ہے۔ اور اب تو ہماری باقاعدہ ایڈوانس بکنگ ہونے لگی ہے۔ اور دنوں اور ہفتوں، ہاؤس فل کی تختی لٹکانی پڑتی ہے۔!

کسی فارن کنٹری میں ہم ان صلاحیتوں اور محنتوں کی بنا پر سونے چاندی میں کھیل رہے ہوتے اور نتیجے میں دن دونی رات چوگنی شاپنگ کر رہے ہوتے ــ کہ رات کی شاپنگ ہمارے دائرۂ اختیار سے باہر ہے۔!

مگر ملکِ عزیز و ملکِ غریب و ملک عجیب میں دیگر سوشل ورکس کی طرح اس کارِ خیر کا انجام بھی تباہی و بربادی ہے ــ جان و مال کا صرفہ الگ ــــ۔

ایک صاحبہ نے ہم سے پیور سلک کی ساریاں خرید دانے کی فرمائش کی دس بارہ دکانوں کی تلاشی لینے کے بعد انھوں نے تو صرف ایک ساری خریدی اور ہمیں پانچ پسند آگئیں۔ خیر پسند کی بات بھی چھوڑیے۔

ان دکانداروں کی بھی تو دلجوئی کرنی تھی جہاں کا سارا اسٹاک الٹوانے کے باوجود انھوں نے ایک رومال تک نہیں خریدا۔ ان کا کیا

تھا۔ ہمارے تو REPUTATION کا سوال تھا۔ حالانکہ ہم اچھی طرح جانتے ہیں کہ ہمارا واڈروب اس طرح ٹھاٹس بھرا ہے کہ اب ساری کیا ایک دھجّی کی بھی گنجایش نہیں۔ اور یہ بُرا وقت ساری ہی پر نہیں پڑا اور یہ حالتِ راز صرف واڈروب ہی کی نہیں۔ گھر کا گوشہ گوشہ طرح طرح کی چیزوں سے اس طرح بھرا پڑا ہے کہ چلنے پھرنے کیا پہلو تک بدلنے کی گنجایش نہیں ہو سکتا ہے کہ تنگئ جا کا گلہ کرتے کرتے ایک دن ہم بھی سینۂ بسمل سے نکلے تیر کی طرح پھڑ پھڑاتے ہوئے اپنے گھر سے نکل بھاگیں۔ اور رہنے کے لیے ایک اور کرایے کا مکان ڈھونڈیں۔۔۔

ویسے گھر میرا عجائب خانہ اور کباڑی کا گودام اب بھی دکھائی دیتا ہے۔ وہی نقشا اور اس سے بھی بربار۔ تین تو صوفہ سیٹ ہیں۔ دو ڈائننگ ٹیبل اور ان کی بارہ کرسیاں۔ آٹھ دس دیوان تخت اور چار پائیاں اور بے تحاشا تپائیاں۔ دو ٹی وی۔ پانچ ریڈیو۔ دو ٹیپ ریکاڈر۔ تین ریکارڈ پلیر۔ درجنوں بالٹیاں۔ سیکڑوں پلیٹیں۔ پیالے۔ پیالیاں۔ غرض کہاں تک گنواؤں۔ آدھے سے زیادہ سامان تو اسی طرح کمبوں اور کریٹوں میں بند پڑا ہے۔ نکالنے تک کی نوبت نہیں آتی۔ اور یہ سب نتیجہ ہے اس مہارت کا جو ہمیں شاپنگ میں حاصل ہوئی ہے۔

خیر یہ تو کوئی ایسا قابل ذکر و فکر نقصان نہیں۔ کہ کیش گیا۔ تو مال تو گھر میں آیا۔ اکثر تو آمدن کے بجائے رفتن ہی رفتن آپ کے نصیب میں لکھ جاتا ہے۔ مثلاً ہماری رشتے کی ایک عزیز بہن اپنی دلاری صاحبزادی کے جہیز کی خریداری کے سلسلے میں ہمیں کئی دن سے لیے پھر رہی تھیں واضح ہو کہ شادی بیاہ اور تیج تہوار کے موقعوں پر ہماری مانگ اور بڑھ جاتی ہے۔ اور اس کے ساتھ ہماری ساکھ خطرے میں پڑ جاتی ہے۔

خیر تو ہونے والی دُلھن کی موجودہ والدہ نے گردش روزگار کی ہی

چار چھے ہفتوں کی گردشوں کے بعد جہیز اور زیورات سے لے کر سوئی دھاگا تک ہر قسم کا سامان کچھ خریدا کچھ پسند کیا۔ کچھ کا آرڈر دیا۔ جب آخری پھیرے ساری بکھری ہوئی چیزیں سمیٹی جا رہی تھیں تو ہر دکاندار کی کچھ نہ کچھ رقم باقی تھی اور والدہ صاحبہ کا پرس ہر ہندستانی حال کے پرس کی طرح خالی تھا۔ ہم تو ہر دکاندار کے پرمننٹ بلکہ سلور جبلی گاہک تھے۔ اور ہر جگہ اپنا سکہ اور کھاتا چلتا تھا۔ ان کی عزت بنی رہی۔ خوشی خوشی انھوں نے شادی رچائی۔ اور اس سے پہلے کہ ہم انھیں مختلف دکانوں کے قرضوں کی یاد دلاتے۔ وہ شادی بربادی میں تبدیل ہوگئی۔ ایسی صورت میں نہ وہ یاد رکھ سکتی تھی۔ نا ہم تقاضا۔ "کہ ٹھیس نہ لگ جائے آبگینوں کو"

مگر ساکھ تو ہماری داؤ پر لگی تھی — لہٰذا کئی سو کے مزید قرضے سے اپنی ساکھ اور ان کے آبگینے بچائے۔

خیر یہ تو شادی بربادی کے کھیل تھے۔ مگر پچیس پچاس کے ایسے چرکے تو ہم اکثر کھاتے رہتے ہیں۔

بعض دوست ہماری ایسی بھی شاہانہ اور حاکمانہ خو بو رکھتی ہیں کہ خود بازار جانے کی بھی زحمت گوارا نہیں کرتیں۔ براہ راست ہمارے لیے حکم نامہ صادر کر دیا جاتا ہے کہ "تم جاؤ تو ہمارے لیے فلاں فلاں رنگ، فلاں فلاں ڈیزائن کی اتنے پیسوں کے اندر فلاں فلاں چیز لے آنا۔"

گھنٹوں اور دنوں کی جدّوجہد اور دوڑ دھوپ کے بعد بھی جب ان کی فلاں شے ان تمام شرائط پر پوری نہیں اترتی تو ہم جھلا کے ان کی پسند سے قریب تر والا سامان خرید لیتے ہیں۔ جسے کبھی تو وہ رکھ لیتی ہیں کبھی REJECT کر دیتی ہیں۔

دوسری صورت میں کہ جو اکثر پہلی ہوتی ہے وہ چیز بلا ضرورت ہمیں رکھنی پڑتی ہے۔ اپنی ساکھ کی خاطر۔

اور جان بچانے کی خاطر کبھی یہ بھی ہوتا ہے کہ ان کی مقرر کردہ رقم اور بازار کی رائج الوقت قیمت کا DEFICIT ہم اپنے پاس سے ادا کر دیتے ہیں۔ مگر جان کی خیر پھر بھی نہیں۔ ہر چند کوشش کرتے ہیں کہ اس' دامے، درمے، جانے" والی خدمت سے چھٹکارا مل جائے۔ مگر اس سلسلے میں ہر حیلے بہانے کی ٹانگ صفِ مخالف کی طرف سے توڑ دی جاتی ہے۔

اور یہ سارا کیا دھرا ہے ہماری شاپنگ کے شوق اور اس میں اس درجہ مشق و مہارت حاصل کر لینے کا۔ اب کوئی ہمارے اس سرکاری اور غیر سرکاری بیان پر اعتبار کرتا ہی نہیں کہ ہم شاپنگ سے بیزار ہو چکے ہیں۔ یا ہمارے پاس اس کے لیے وقت نہیں۔ یا ہم بازار کے ان سماجی معاشی حالات سے بے خبر ہیں کہ کہاں کا مالک بدل گیا۔ کہاں کا نوکر۔ اور کہاں کا مال۔

لہٰذا اب بھی ہر کس و ناکس کی حسب فرمائش ہر وقت ہر جگہ ہر شے کی خریداری کے لیے ہمیں حاضر و ناظر رہنا پڑتا ہے۔ نتیجے میں ہم گھر سے بے گھر ہو چکے ہیں مجنوں کی طرح صحرا نورد اور جہاں نیاں۔ جہاں گرد ہو رہے ہیں۔ صحت ہماری جواب دے چکی ہے۔ بلکہ اب تو سوال بھی سب ختم ہو گئے۔ اور مفلس و نادار اور قرض دار اور دیوالیہ تو خیر ہم بہت پہلے ہو چکے تھے۔ مگر مصر اس سے اس وقت نہیں کہ جب تک سانس کی ڈوری اٹکی ہے۔ کہ قیدِ حیات و بندِ شاپنگ اصل میں دونوں ایک ہیں۔

گول مال

جس کی تخلیق میں اللہ میاں سے لے کر والدہ محترمہ تک نے بیگار ٹالی ہو اُس کا کیا' آپ' اور کیا' بیتی' — !

ہز میجسٹی شہنشاہ بر و بحر غالباً ہمارے زمانہ' ورود و مولود میں بے حد مصروف ہوں گے۔ اور اوورٹائم کرنے کا بھی موڈ نہ ہو گا۔ خیر نہ بناتے ہیں اپنے دست مبارک سے۔ کسی کلاس ون فرشتے ہی کو دے دیتے — !

مگر صاحب انھوں نے تو لے کے ہمیں ایک کاہل نوسیکھے کے سپرد کر دیا۔ وہ بھی شاید تھوک میں مال سپلائی کر رہا ہو گا۔ نتیجہ ظاہر ہے — !

یوں تو بچّے کی پیدائش پر نومولود کے سوا سب خوش ہوتے ہیں مگر ہم نے اپنی بے موقع آمد سے رجسٹرڈ افراد کے علاوہ فقیروں کی بڑی تعداد کو بھی خوش ہونے کا نادر موقع عطا کیا۔ گیارھویں شریف کی نیاز کی دیگیں چڑھی تھیں۔ پلاؤ زردے کی خوشبو پر کچھ ایسی نیت خراب ہوئی کہ ہم مقررہ وقت سے کوئی ڈیڑھ مہینا پہلے بلا پروگرام بلا اطلاع کود پڑے۔ اور کچھ ایسا ہنگامہ کھڑا کر دیا کہ مہمانوں کی قسمت کی دیگیں فقیروں کے حصّے میں آگئیں۔ (ہنگامے ہم آج بھی کھڑے کیا کرتے ہیں اور ادھر کا مال اُدھر بھی — !!)

خیر۔ تو لاٹری کی قسم کی اِس دولت سے فقیر یقیناً خوش ہوئے ہوں گے۔ اور جب انسان خوش ہوتا ہے تو ہر ایرے غیرے کو بلا ضرورت دعاؤں کا تمغا بانٹتا پھرتا ہے۔ اس خاکسار کے حق میں بھی انھوں نے باجماعت دعائیں مانگی ہوں گی اور ہماری تباہ حالی سے ثابت ہوتا ہے کہ ان کی دعائیں نہ صرف قبول ہوئیں بلکہ ان پر عمل درآمد بھی پورے خلوص سے کیا جارہا ہے۔ کہ گھر مہمانوں سے اور در سوالیوں سے ہر وقت آباد رہتا ہے —!

جوشِ قبولیت کا یہی عالم رہا تو انشاء اللہ ہم اپنا گھر مہمانوں کی نذر اور در سوالیوں کے سپرد کرتے خود کسی دوسرے در کے سوالیوں کے کیو میں کھڑے نظر آئیں گے۔!

روزِ ازل کی ایک چھوٹی سی غلطی کے لاتعداد خمیازے ہم اب تک بھگت رہے ہیں۔ اور یقین ہے تاحین وحیات بھگتے رہیں گے۔ دنیا میں ہم ایک ذرا بے موقع کیا نازل ہوئے کہ اب ہر موقع اور ہر محل ہم پہ حرام کر دیا گیا۔

جو کام ہم نے کیا بے موقع ہی کیا اور غلط ہی کیا —!

خیر تو کھولیے داستانِ حیات کا پہلا صفحہ۔

۲۶ راگست کی ایک رات جس کے متعلق ابھی تک تحقیق جاری ہے کہ وہ سہانی تھی تا طوفانی ہم اسی عالم آب و گل کے ٹور پر آئے۔ طوفان مچانے۔ گڑبڑ پھیلانے۔ گویا آتنک وادی بن کر —!

روایت ہے کہ آپ بیتی نگار کا ماضی ہمیشہ بیحد عظیم اور شاندار ہوا کرتا ہے خواہ حال کتنا ہی بدحال کیوں نہ ہو۔ سلسلۂ نسب اگر شاہانِ مغلیہ سے نہ ملتا ہو تو کم از کم والیانِ ریاست تک تو ضرور پہنچ جائے۔ غیر معمولی ذہانت، فراست، علمیت وغیرہ وغیرہ وغیرہ کے کمالات کا بچپن ہی سے ثبوت ملنے لگے اور غیر معمولی واقعات قدم قدم پر اپنے جلوے دکھلانے لگیں۔

لیکن افسوس یہ BASIC QUALIFICATIONS اِس خاکسار کے پاس نہیں۔ ماضی

قریب کی کچھ جھلکیاں تو جل بھی جائیں گی۔ لیکن ماضی بعید کی ذرا خبر نہیں۔

'پدرم' کے پاس 'سلطانی' تو نہیں 'کپتانی' البتہ تھی۔ لہٰذا ہمارے گھر پر پولس تھانے کا گمان ہوتا تھا۔ وہی رعب دبدبہ، وہی سناٹا، وہی ہیبت۔ شعروادب کا کوسوں پتا نہ تھا۔ وہ گھر سے اتنی دور تھے کہ جتنی دور ایک شریف آدمی تھانے سے ہوتا ہے۔

خاندان کا تحریری سرمایہ صرف دھوبی کے حساب کی کاپی پر مشتمل تھا کہ رشتہ داروں کے قحط اور بے تعلقی کی بنا پر خطوط نویسی کے نادر موقع بھی کم ہی میسر آتے تھے۔!

تین تین چار چار سال میں والدِ محترم کے تبادلے ہوا کرتے تھے۔ والدہ مکرمہ کیا اُن سے کسی طرح کم تھیں۔ انھوں نے مکان بدلنے کا شوق پال لیا تھا۔ شہر اور محلّے کے ساتھ ہمارا اسکول بھی بدل جاتا۔ سب سے پہلے روتے بسورتے ہم شہر ناگپور کے سینٹ جوزفس کانونٹ پہنچے۔ ابھی پوری طرح گٹ پٹ بھی نہیں سیکھی تھی اور پانچویں درجے کی مانٹر شپ کی بہاریں بھی نہ لوٹیں تھیں کہ برہانپور تبادلہ ہو گیا۔ یہاں اگلے پانچ سالوں تک رابرٹسن ہائی اسکول جواب "سیوا سدن کالج کہلاتا ہے اور حکیمیہ ہائی اسکول (اس کے ماتھے پہ بھی اب کالج کا بورڈ آویزاں ہے) کے درمیان شٹلنگ کرتے رہے۔ دوسری جنگ عظیم کے خاتمے پر 'وی فار وکٹری' والی بہت سی کاپیاں لیے ہم لوگ خیر سے پھر ناگپور لوٹے۔ اور ہم نے گورنمنٹ گرلز ہائی اسکول کا رخ کیا۔

یہ سارے اسکول ادبی اعتبار سے بنجر اور ویران تھے۔ لہٰذا کبھی لکھنے کا خیالِ خام تک دل میں پیدا نہیں ہوا۔ ہاں قصّے کہانی پڑھنے کی چاٹ چھٹی ساتویں جماعت سے ہی پڑ چکی تھی۔ میٹرک میں ایک سال اختر جمال (اردو کی شہرت یافتہ افسانہ نگار جو تقسیم کے بعد ہی پاکستان منتقل ہو گئی تھیں۔) کا ساتھ رہا۔ ان کے افسانے اسی زمانے میں چھپنے لگے تھے۔ جس کا اُنھوں نے کلاس پہ رعب ڈالنا چاہا مگر

ہم پھکڑوں نے انھیں سرے سے افسانہ نگار تسلیم کرنے سے ہی انکار کردیا۔ اور اتفاق رائے سے یہ فیصلہ صادر کیا گیا کہ افسانے وہ پیسے دے کر کسی سے لکھواتی ہیں۔ اور پیسے دے کر اپنے نام سے چھپواتی ہیں۔

ادب سے شناسائی اور قربت کا جو یہ ایک نادر موقع نصیب ہوا تھا۔ اسے بھی ہم نے حسب عادت گنوا دیا۔

۱۹۴۷ء میں ہم میٹرک کرکے ومنس کالج پہنچے۔ آزاد بھارت کا پہلا بیج تھا۔ بیحد اہم اور ٹاپ کلاس انٹلکچول سمجھتے تھے اپنے آپ کو۔ لہٰذا دن بھر گلا پھاڑ پھاڑ کے سیاسی سماجی بحثیں کیا کرتے۔

اسی زمانے میں کچھ اِدھر اُدھر نظریں بھی بھٹکیں پھسلیں اور جاکے نئے نئے قائم شدہ ریڈیو اسٹیشن کے دہلوی لکھنوی پروڈیوسر پہ اٹک گئیں۔ (اجتماعی طور پر) نتیجے میں صبح ۶ ½ بجے "آیئے ورزش کریں" سے لے کر رات گیارہ بجے کے شاستریہ سنگیت تک ہر ہر پروگرام سنا جاتا اور ہر ہفتے ان پر تبصرہ ہوتا یوں ہماری خطوط نگاری کا افتتاح ہوا۔ جملہ معترضہ ہی سہی مگر یہاں بتانے کو جی چاہتا ہے کہ اس زمانے میں یہ ورزش "کاغذ کے پھول" اور صاحب بی بی غلام والے ابرار علوی کروایا کرتے تھے۔!

تو بات خطوں کی ہو رہی تھی۔ پھر تو خطوط نویسی کا یہ عالم ہو گیا کہ کوئی سہیلی دو دن کے لیے باہر گئی نہیں اور ہم نے ایک عدد خط داغ دیا۔ اس سے بھی کام نہ چلا تو قلمی دوست بنائے گئے۔ غرض ہر ایک کو لمبے لمبے خط لکھے جاتے اور اپنی نئی نویلی ادبیت کے اظہار کا کوئی موقع ہاتھ سے جانے نہ دیا جاتا۔ یہ سلسلہ کئی برس تک بخیر و خوبی چلتا رہا اور بی۔ اے کر لینے کے بعد بھی نہ کبھی دل میں ادیب بننے کا خیال آیا نہ بڑے ادیبوں کی طرح کوئی انسپریشن محسوس کی۔

بی۔ اے کے بعد پولیٹیکل سائنس میں ایم۔ اے کرکے عملی سیاست میں حصہ لینا چاہتی تھی۔ کس قدر بچکانہ اور مضحکہ خیز خیال تھا۔ بھلا الیکشن لڑنے کے لیے

ایم۔ اے کرنے کی کیا ضرورت ہے ۔ خیر دوسرے تمام خوابوں کی طرح یہ خواب بھی پورا نہ ہوا۔ میرے بی۔ اے کرتے ہی (۱۹۵۱ء) ابا جی کی پنشن ہو گئی۔ دونوں بڑے بھائی پڑھ رہے تھے۔ (وکالت اور ڈاکٹری) آدھی تنخواہ میں پورے خرچ ممکن نہ تھے۔ سب سے غیر ضروری میری تعلیم نظر آئی۔ حکم ہوا کالج بند۔ جو پڑھنا ہے پرائیوٹ پڑھو۔ پولیٹکل سائنس تو پرائیوٹ طور پر یعنی گھر بیٹھے قابو میں آنے والی تھی نہیں۔ قرعۂ فال اردو کے نام نکلا۔ اور سال بھر تک ہم کورس کی کتابیں پڑھنے کے بجائے اِدھر اُدھر ٹپ ٹوئیاں مارتے رہے۔ کبھی بچوں کے پروگرام کے لیے کوئی کہانی یا فیچر لکھ دیا۔ کبھی بہنوں کے پروگرام میں گھر گرہستی کے گر جس سے ہمیں دور کا بھی واسطہ نہیں سکھلا دیے۔ بس اللہ اللہ خیر سلاّ۔ اس کے آگے کچھ نہیں۔

۱۹۵۳ء میں ناگپور یونی ورسٹی میں ڈپلوما ان جرنلزم کا کورس شروع ہوا۔ کچھ ایسا الہام ہوا جیسے منزل ہمیں دعوت نامہ بھیج رہی ہے یا چل کر بلکہ ایمور ٹیبڈ کار ڈرایو کرتی ہوتی ہمارے در تک آگئی ہے۔ مگر اوّل تو CO-EDUCATION اس پر سے نائیٹ کلاسس۔ اور وہی مخصوص کٹی کٹائی پینشن کی رقم جس کی چاند ماری کے رینج میں میری ہی جانِ ناتواں کو باندھ کے کھڑا کر دیا گیا تھا۔ کہ بھئی لڑکے تو کمانے کے لیے پڑھیں گے اور چھوٹی لڑکی کی تو ابھی تعلیم شروع ہی ہوئی ہے۔ مگر خیر ان دشوار گزر وادیوں اور گھاٹیوں سے ہم بھوک ہڑتال اور خودکشی کی کامیاب اداکاری کے سہارے کامیابی سے گزر گئے۔ اور ۱۹۵۵ء میں یہ ڈپلوما بھی لے لیا۔

اب پھر وہی سوال سامنے تھا کہ اس ڈپلوما کا ہم اچار ڈالیں کہ مُربا بنائیں۔ گھر کے پولیس راج کہ جو کسی صورت سے ملٹری رول سے کم نہ تھا۔ کی وجہ سے کسی اخبار میں کام کرنے کا سوال ہی نہ تھا۔ ریڈیو اسٹیشن میں افسران کی ہزار خوشامد کے باوجود اناؤنسمنٹ تک کی تو اجازت ملی نہیں۔ ایسے میں عیب غیب سے بچوں کے ایک نٹ بولٹ بچے سے رسالے 'چاند' کے اُس سے بھی نٹ بولٹ بچے اڈیٹر صاحب نے وہ پرچہ ہماری امان میں دے دیا۔ اس میں ہم اکثر چھوٹی موٹی کہانیاں لکھتے۔ اور بچوں کے

خطوں کے جواب بھی ہمارے ہی قلم گوہر بار کے مرہونِ منت ہوتے. تب ہم پر انکشاف ہوا کہ حسِ مزاح ایک آدھ رتی ایک آدھ ماشہ اور ایک آدھ ملی گرام ہمارے اندر موجود ہے۔

کچھ ادیبوں اور شاعروں سے بھی اسی زمانے میں خط و کتابت کے مواقع ہاتھ آئے۔ پرکاش پنڈت کے تیکھے پن نے شعوری اور لاشعوری طور پر رنگ جمانا شروع کیا۔

یہ 'چاند' تو خیر مہِ نخشب کی طرح جلد ہی ڈوب گیا۔ مگر ہم پر اتنے ہی عرصے میں خمارِ ادارت چڑھ چکا تھا۔ لہٰذا عورتوں اور بچوں کے لیے مشترکہ پرچہ "کرنیں" جاری کیا۔ جس کے بفضلِ خدا مالک و مدیر کلرک و چپراسی سب کچھ ہم خود ہی تھے۔ کرنوں کا انجام بھی 'چاند' سے کچھ مختلف نہ رہا۔ فرق صرف اتنا تھا کہ 'چاند' غروب ہوا تو ہمیں اڈیٹر بنا گیا اور 'کرنیں' مٹیں تو ہم مرثیہ لکھنے کے بجائے مزاح نگاری کرنے لگے۔ ویسے دونوں میں کچھ زیادہ فرق بھی تو نہیں ہے! گھر پھونک کے کچھ دیر تماشا دیکھا بھی اور دکھایا بھی۔ پھر میاں بدھو کی عزیزہ ہمشیرہ کی طرح لوٹ کے اپنے پٹے پٹائے راستے پہ لگ گئے۔ ستم بالائے ستم اور مزید بالائے ستم یہ کہ فرسٹ ڈویژن اور فرسٹ پوزیشن بھی مل گئی۔ ڈویژن کا ملنا تھا کہ شہر بھوپال کے اکلوتے گرلز کالج کی نوکری خود چل کے دروازہ کھٹکھٹانے پہنچ گئی۔ ! گویا تابوت میں آخری کیل ٹھنک گئی۔ اب یہ نوکری کچھ اس طرح چپکی ہے کہ نکالے جانے کی ہر ممکن کوشش کے باوجود 'گل محمد' بنے اپنی جگہ ڈٹے ہیں۔ کاش فرسٹ کی جگہ سیکنڈ یا تھرڈ ڈویژن ملا ہوتا تو اس بظاہر باعزت نوکری کا احسان اٹھانے سے بچ جاتے۔ دو چار سال دربدر کی ٹھوکریں کھاتے اور انجام کار الیکشن لڑ کے منسٹر بن جاتے۔ یا پھر افریقہ سائبیریا جا کے بچوں کو اے۔ بی۔ سی۔ رٹاتے اور لکھ پتی بن کے یہ لمبی بدیسی گاڑی میں یوں یوں کرتے پلٹتے اور آدھا بھوپال اور پاؤ ناگپور خریدنے کی بات یوں کرتے جیسے آج ایک کلو لہسن خریدنے کے منصوبے بنائے جاتے ہیں۔

خیر نوکری سے نہ نکالے جاتے۔ سسپینڈ ہی کر دیے جاتے کہ اس کے بھی بیحد خوشگوار نتائج کے ہم عینی شاہد ہیں۔ مثلاً کسی نے تجارت کر لی اور امیر کبیر بن بیٹھے۔ کسی نے درجن آدھی درجن کتابیں لکھ کے پھینک دیں۔ اور کچھ نہیں تو ایک صاحب نے بیٹھے بیٹھے صحت ہی بنا ڈالی۔

ہم بھی کسی ایسے ہی آسمانی سلطانی موقع کی آس میں ہاتھ پہ ہاتھ دھرے قہقہے پہ قہقہے لگا رہے ہیں۔ اتنی توفیق بھی نہ ہوئی کہ مضامین کے دو چار مجموعے ہی چھپوا لیتے۔ حالانکہ دوست احباب سال پیچھے ایک کے حساب سے دنیائے ادب پہ 'چاند ماری' کر رہے ہیں۔ اور ایک صاحب نے تو پڑھنے والوں کو ہر فکر سے آزاد کرنے کی خاطر 'قلم کے گھوڑے' کو 'رخشِ عمر' کے ساتھ ساتھ دوڑانا شروع کر دیا۔ ہر HAPPY BIRTHDAY پر ایک کتاب داغ دی۔ عمر پچاسی۔ کتابیں پچاسی ـــ!

خیر صاحب اس میں تو ہماری اس عظیم الشان کاہلی کا ہاتھ ہے جس میں ہم ازل سے گرفتار ہیں۔ پڑھنے کے علاوہ ہر کام اس وقت تک ٹالا جاتا ہے جب تک وہ لبِ بام پہ پہنچ کر لبِ دم اور بے دم نہ ہو جائے۔

سفر کی دلدادہ ہونے کے باوجود اسٹیشن ہم اُس وقت پہنچیں گے جب گارڈ صاحب شانِ بے نیازی سے ہری جھنڈی لہرا رہے ہوں اور ریل صاحبہ پوری طاقت سے سیٹی پہ سیٹی مار رہی ہوں۔

کالج کے سفر میں بھی روز آنہ کچھ اسی قسم کے مناظر اور حادثات پیش آتے ہیں۔

کھانا پکانے کی جب کبھی نوبت آتی ہے تو باوجود اس حقیقت کے کہ پکانے اور کھلانے کی شوقین ہوں مہمان کو دن کا کھانا رات کو اور رات کا کھانا دوسری دوپہر تک نصیب ہو جائے تو اس کی خوش قسمتی ہے ـــ!

سلائی کا انجام بھی کچھ اس سے مختلف نہیں۔ مہینوں سے کپڑا آ کے پڑا رہے گا مگر سلے گا لپک جھپک اس وقت جب بنجارے کے لاد چلنے کا وقت آ ہی جائے

اور سوائے اس چار گرہ کپڑے کے تن ڈھانپنے کا کوئی اور سہارا نہ رہے۔!

ریڈیو کے سلسلے میں نشر سے پہلے کی رات ہمارے لیے قتل کی رات بن جاتی ہے۔ اس سے پہلے قلم پکڑنا ہماری دیرینہ روایتوں کے خلاف ہے۔ اور رسالے والوں کو تقاضے خوشامد اور گالی گلوج ہر منزل سے گزرنا پڑتا ہے۔ ہر حربہ استعمال کرنا پڑتا ہے۔!

اور جناب مضمون کے لکھنے اور پوسٹ ہونے تک بھی تو کئی مراحل ہیں۔ جن سے بخیر و خوبی گزرنے میں دنوں ہفتوں اور مہینوں لگ جاتے ہیں۔ نتیجے میں ہر خاص نمبر میں شامل ہونے سے ہم بال بال رہ جاتے ہیں۔

ڈھیروں سامان استعمال کیے جانے کی اس میں پڑے پڑے پھینک جاتا ہے۔ کتنی چیزیں ٹوٹ پھوٹ جاتی ہیں۔ بل آتے ہیں۔ حفاظت سے رکھ دیے جاتے ہیں۔ ہر روز منٹ کا خیال آتا ہے۔ اور ہر آج کل میں بدل جاتا ہے۔ کوئی بل یعنی بغیر فائن کے ادا ہی نہ ہو پایا، ہر طرح سے 'گول مال'۔

کچھ بل ایسے بھی ہوتے ہیں جن کی رقم خود ہمیں لینی ہوتی ہے۔ اور یہ معجزہ بھی شاذ و نادر ہی ہوتا ہے کہ ہم ان کی وصولی کرلیں۔

اور کاہلی اپنے عروج پر پہنچتی ہے خطوں کے جواب میں — لہٰذا نثری شعر عرض ہے۔

"کھلتا کسی پہ کیوں مری سستی کا معاملہ
خط کے جواب نے رسوا کیا مجھے — "

نہ خو بری نہ بات ضد کی ہے۔ بلکہ ہوتا یہ ہے کہ خط کے آتے ہی "عزیزی میاں" اور "پیاری فلاں" سے لے کر "درجہ بدرجہ اور بے درجہ سلام" تک جواب میں فوراً سوچ لیا جاتا ہے مگر تصور اور تخیل کو کاغذی پیرہن عطا کرنے کے لیے ماہ و سال بھی کافی نہیں ہوتے۔ ورق پہ ورق الٹتے رہتے ہیں۔ کلینڈر پہ کلینڈر بدلتے رہتے ہیں۔ نقش جوں کے توں فریادی بنے رہتے ہیں اور ہم عزیزی اور پیاری کو دعا تک

نہیں پہنچا پاتے۔ نتیجے میں رقم رقم کے خطابات سے نوازے جاتے ہیں۔ کوئی مغرور کہتا ہے کوئی بد دماغ، کوئی بد تہذیب تو کوئی جاہل۔

جناب اس سے زیادہ کاہلی کا ثبوت کیا ہو سکتا ہے کہ ۲/ دسمبر ۱۹۸۴ء کی رات یونین کاربائیڈ سے گیس لیک ہو کے سارے شہر میں پھیل رہی ہے سارا شہر گھروں سے نکل کے بھاگ رہا ہے اور ہم ہیں کہ آنکھوں سے جو ے خوں بہا رہے ہیں۔ کھانس کھانس کے بے دم ہوئے جا رہے ہیں سانس لینا دشوار بلکہ یوں سمجھیے سانسیں گن گن کے لے رہے ہیں مگر گھر میں آرام سے پڑے ہیں کہ موت بھاگتے دوڑتے سڑک پہ کیوں دبوچے۔ آتا ہے تو خود ٹانگیں توڑتے چل کے آئے ہم استقبال کے لیے پورے PROTOCAL کے ساتھ حاضر ہیں۔

اور وہ جو کسی نے فرصت کے چار دن کے متعلق کچھ ارشاد فرمایا ہے وہ ہماری فضول خرچی پر پوری طرح صادق آتا ہے۔ یعنی

دو فائن میں کٹ گئے دو قرض میں

اتنی عمر گزر گئی اور آج تک یہ سمجھ میں نہیں آیا کہ تنخواہ کہ جو بقول اغیار خاصی معقول ہے جاتی کہاں ہے۔ وہی معاملہ ہے کہ

نے ہاتھ باگ پر نہ پا ہے رکاب میں

اور "رخشِ زر" ہے کہ دوڑا بھاگا چلا جا رہا ہے۔ کہیں تھمنے کے آثار ہی نہیں۔

چار بینکوں میں اکاؤنٹ اور مجموعی سرمایہ کل دو ہزار اسی روپیا اور نوّے پیسا۔

اور جناب والا، ایک بینک کے تو ہم SHARE HOLDER بھی ہیں۔ مبلغ پچاس روپے کے۔ پیغمبری وقت میں اس 'عظیم سرمایے' کے لیے کیسا کیسا دل تڑپتا ہے۔ مگر شرم آڑے آجاتی ہے—!

خیر یہ بے کسی اور بے بسی تو سانس اور اُس کی طرح لازمی ہے۔ حیرت اِس بات پر ہے کہ ہم جیسے پھکڑ مفلس و نادار لوگوں سے بھی مانگنے والے قرض مانگتے ہیں اور وصول کرنے میں کامیاب بھی ہو جاتے ہیں۔ اور وہ بھی اِس ادا سے کہ واپسی کا کوئی سوال نہیں۔ کہ دینے والا اپنی طرف سے کیسے بھی بڑے بڑے پلان بنائے لینے والا تو قرض حسنہ سمجھ کے ہی لیتا ہے۔

خیر لین دین پہ ڈالیے خاک اور چھیڑیے آپ کہ یہ معاملاتِ قلبیہ ہیں۔ ہمیں تو دماغ اور بے دماغی نے تماشا بنا رکھا ہے۔ ہر وقت کچھ نہ کچھ کھوتی رہتی ہوں اور ہر وقت کچھ نہ کچھ ڈھونڈتی رہتی ہوں۔ آدھی زندگی انھیں کھوئی ہوئی چیزوں کی تلاش میں گزرتی ہے اور بقیہ آدھی اپنے علاوہ سب کے اوندھے سیدھے کام کرنے میں۔ کسی کو کالج میں پڑھنے کی تمنا ہے مگر اجازت نہیں۔ سو اِن نیک بیبیوں کے گھر کے پھیرے لگا کے والدین میں تبلیغ کر کے انھیں راہِ راست پہ لایا جا رہا ہے۔

کسی کے سامنے نوکری کا مسئلہ ہے۔ اسے سلجھانے میں خود اُلجھ رہے ہیں۔

کسی کے پاس نہ در ہے نہ زر۔ اس کی فراہمی میں خوار ہو رہے ہیں۔

کہیں عشق و عاشقی کے معاملات ہیں تو کہیں شادی بیاہ طلاق کے۔

اور تو اور اندھوں نے محض موٹے شیشوں کی عینک کی بنا پر اپنی برادری میں شامل کر لیا۔ اب ان کا ہر کام ہم پر واجب اور فرض ہے۔ کوئی اپنا فارم بھروانے کے لیے کھڑا ہے۔ کوئی درخواست لکھوانے کے لیے۔ کسی کو ہم سبق پڑھ کے سنا رہے ہیں تو کسی کا ہاتھ پکڑ کے بینک تک لے جا رہے ہیں۔

ایک بلکہ آدھی جان ہزار غم سے مروت کے مارے جو ہیں۔ اسی مروت اور تکلف میں محض دوسروں کی خوشنودی کی خاطر نظیر اکبرآبادی پر مقالہ لکھ کر پی۔ ایچ ڈی کی ڈگری بھی لے لی۔

غرض یہ کہ صبح بھی ہوتی ہے اور شام بھی اور عمر تمام بھی۔

ڈھنڈورا

خدا کی اس خدائی کی ساری عقل مند اور سمجھ دار مخلوق ہر شے کو انتہا سے زیادہ سنبھال کر رکھتی ہے۔ اس لیے ان کی ہر بات راز کے درجے تک پہنچ کر ہی دم لیتی ہے۔ یہاں نہ سلیقہ نہ سگھڑاپا۔ نہ عقل نہ شعور۔ نہ کسی راز گھانسوی سے دوستی نہ راز جھاڑ سکھ دوی کا کلام یاد لہٰذا راز سے ہم بے نیاز۔

ہمارے تمام پروگراموں اور کاموں کے سلسلے میں ہم سے زیادہ ہمارے دوست احباب اور سایے ہم سایے معتبر ثابت ہوتے ہیں۔ اغیار تو اغیار خود ہم اپنے مستقبل قریب و مستقبل بعید کے متعلق ان سے رجوع کرتے ہیں۔ دیگر امور کے علاوہ ہمارا ہر ٹور پروگرام لوگوں کو ایسا ازبر ہو جاتا ہے کہ بڑے بڑے وزیروں کا ان کے پی۔ اے کو نہ ہوتا ہوگا۔!

ادھر ہم نے بہ تقریب سفر محمل باندھا نہیں کہ مشوروں اور فرمائشوں کی یلغار شروع ہوگئی۔

کاش اسی شدت سے کبھی کسی نے زادِ راہ کی طرف بھی توجہ دی ہوتی ــــ!!

غائب دماغی اور تہی دامنی ہر بلا سے محفوظ رکھتی ہے۔ لیکن پچھلے سفر میں ہم مصیبت میں گرفتار ہو ہی گئے۔

کہ پاسبانِ عقل بے عقلی کے بھیس میں کب تک حفاظت کرتا۔!

بہ فضلِ ربی اور بہ کرم دوردرشن دلی اب دور نہیں رہا۔ اور نہ عجیب و غریب۔ لہٰذا فرمایشوں کا سلسلہ نہ دراز ہوتا ہے نہ پریشان کُن۔ سو ہم خوش خوش جانے کی تیاری کر رہے تھے کہ ایک کرم فرما تشریف لائے پانچویں منٹ اور دسویں جملے تک پہنچتے پہنچتے ہم انھیں اپنی دلی یاترا کی خبر دے چکے تھے۔

پتا نہیں دوستی یا دشمنی کی کون سی حس تھی کہ اس خبر سے ہم سے زیادہ وہ مسرور نظر آئے۔

"اچھا آپ دلی جا رہی ہیں؟"

"ہاں۔ کل شام کی گاڑی سے"

"جامعہ بھی جائیں گی۔؟" تفکر کا ہلکا سا بادل چھا گیا۔

"یقیناً۔ کہ قیام وہیں ہے"

"اچھا تو فلاں فلاں صاحب کے گھر ضرور جایئے"

پوچھا۔ کوئی کام ہے؟۔

جواب ملا۔" کام وام کچھ نہیں ۔ بس مل لیجیے"

"مگر ہم تو انھیں قطعی نہیں جانتے۔ کیوں ملیں"

"بڑے خلیق اور ملنسار ہیں۔" ہمارے تیور دیکھ کر انھوں نے مسکینیت کی سپر ہاتھ میں لے لی۔

"آج بھی شہر دلی میں ہزاروں ملنسار ہوں گے۔ تو کیا ہم سب سے ملتے پھریں گے۔؟" ہم تنک گئے بلکہ سنک گئے۔

"بھئی یہ تو ہمارے رشتہ دار ہیں۔"

"ہوں گے" ہمارا پارا ذرا سا نیچے آیا۔

"دیکھیے ہم جس خانوادے سے تعلق رکھتے ہیں۔ وہیں کے مرید وہ بھی

ہیں۔ اور پھر ان کی بیگم ایک رشتے سے ہماری سالی ہوتی ہیں۔ بے حد طرح دار اور زندہ دل ہیں۔"

ان خاتون کی زندہ دلی تو نہیں البتہ طرح داری کے تصوّر سے موصوف کے چہرے پر جو رنگ و روغن چڑھا۔ اس نے ہم سے ملاقات کا وعدہ لے ہی لیا۔

ہمیں بے حد ا ور ہماری آتشِ شوق کو با شرر دیکھ کر کچھ پیغام سلام کے فرائض سے بھی ہمیں نوازا گیا۔ غالباً موصوف نے اپنے حالیہ خط میں ازراہِ تکلّف لکھا ہوگا کہ مکان بکنے پر دلی آجائیں اور یہیں ٹھاٹ سے رہیں۔

واضح ہو کہ اس ٹوٹی پھوٹی خانقاہ و تکیہ نما عمارت کو جسے زمانۂ قدیم میں مکان کہا جا سکتا ہوگا کسی بے کس و بے بس کے سپرد کرنے کی کوشش میں آپ پچھلے چار ماہ سے مستقل بھوپال میں ڈیرا ڈالے ہوئے تھے۔ اب کوئی عقل بند، ان کی مٹھی میں بند ہو چکا تھا۔ سو ہمیں با اعتبار سمجھ کر یہ ذمہ داری سونپی گئی کہ ہم شوخ طرح دار سالی کو یہ خوش خبری سنا دیں کہ مکان کا سودا پونے پانچ لاکھ سکۂ رائج الوقت ہونے ہی والا ہے۔ بات طے ہو چکی ہے اور وہ مع اس رقم کثیر و خطیر ان کے پاس آنے کا ارادہ رکھتے ہیں۔

ظاہر ہے اتنی اہم خبر ساٹھ پیسے کے لفافے کے ذریعے کیسے دی جا سکتی تھی۔ اس کے لیے تو خیر سگالی کا کوئی وفد ہی چاہیے تھا اور یہ ہماری خوش بختی تھی کہ اس وفد کا سربراہ ہمیں منتخب کیا گیا۔

قیامِ دہلی کا روزِ اوّل راجدھانی کی روایتی سبک رفتاری سے گزر گیا۔ دوسرے دن یونہی کچھ بسری باتیں کچھ بھولے وعدے یاد آنے لگے۔ ہم نے ازراہِ تذکرہ اپنے میزبان سے ان صاحب کا پتا پوچھا۔

واضح ہو کہ اس وقت تک ان کا پورا نام جو کہ خاصہ طول طویل اور ثقیل تھا۔ ہمارے چھوٹے سے کمزور شکستوں سے چور دماغ سے

غائب ہو چکا تھا۔ صرف حرفِ آخر نقش دوام بننے میں کامیاب ہو سکا تھا۔

میزبان چونکے۔"آپ ان کو کیسے جانتی ہیں؟"

"ان کے ایک عزیز ہمارے بھی عزیز دوست ہیں۔"

ہم نے بڑی بے اعتنائی سے جواب دیا۔ ہم نے محسوس کرلیا تھا کہ اتنی سی دیر میں ان کی نظروں میں میزبانہ بیزاری کے بجائے ہمارے لیے ایک نیازمندانہ عقیدت اتر آئی تھی۔ ان تر بتر نگاہوں سے ہم کچھ جھنجھلا گئے۔"ان کا گھر آپ کو معلوم ہے؟" ہماری ہیچ ادائی کو نظرانداز کر کے وہ اسی سرشاری سے بولے ——"لیجیے ان کا گھر کون نہیں جانتا وہ تو یہاں کے وائس چانسلر ہیں"۔

"وائس چانسلر —؟" اب چونکنے کی باری ہماری تھی۔

"مگر انھوں نے وی۔سی تو نہیں بتایا تھا"

"ابھی ابھی ہوئے ہیں۔ ان کے عزیز کو اطلاع نہ مل پائی ہوگی"

واقعی وی۔سی عہدہ ہی ایسا ہے کہ خود عہدہ دار کو نہ ابتدا کی خبر ہوتی ہے نہ انتہا کی۔ صبح اٹھیں تو پتا چلے کہ آپ وی سی ہوگئے۔ رات سوئیں تو سنڈریلا کے لباس فاخرہ کی طرح عہدہ غائب .... لہٰذا اس عہدے سے وابستگی پر سوائے شرمندگی کچھ ہاتھ آتا نہیں۔

"خیر وی سی ہی سہی۔ ان ہی سے مل لیں گے۔"

"ان کی رسوائی اور ندامت میں کچھ حصہ ہم نے ابھی سے بٹانا شروع کردیا۔ اب عالم یہ تھا کہ جسے دیکھیے ہر آدھ گھنٹے بعد ہم سے جواب طلب کر رہا ہے۔"آپ وی۔ سی صاحب کے بنگلے نہیں گئیں۔ چلیے ہم پہنچا دیں...... ہم کوٹھی تک چھوڑ آئیں ہم فون کر کے وقت لے لیں"

گویا ہر ملاقات ہمیں بطور تقریب استعمال کرنے کے نیک ارادے تھے ہر عمر اور ہر اسٹیٹس کا جب اتنا بڑا ہجوم ورغلائے تو اچھے اچھے بہک جاتے

ہیں۔ ہمارے پاس تو بہکنے کی ایک اقتصادی اور اخلاقی وجہ بھی تھی۔ کہ دوسرے دن ہماری پارٹی کے بقیہ افراد جن کے خود ساختہ لیڈر ہم تھے دلی آنے والے تھے اور ان کے قیام کا مناسب یعنی کم خرچ بالا نشیں قسم کا انتظام ہم اب تک نہ کر پائے تھے۔ ہم فکر مند تھے مگر دوسرے خوش۔ کہ اب تو۔۔۔ "بھیّے کوتوال یہ والا معاملہ ہے۔ کیوں پریشان ہوتی ہیں۔ ڈی۔ سی کے ایک اشارے پر گیسٹ ہاؤس کھل جائے گا۔

لہٰذا کچھ اُدھر کچھ اِدھر کے اشاروں کے سہارے ہنستے مسکراتے اکڑتے دندناتے چلے سوئے منزل۔ پہلا چوراہا پار نہ کیا تھا کہ نونہالان ملک وملت کمزور اور غیر منظم آوازیں " ڈی۔ سی ہائے۔ ہائے۔ ڈی۔ سی۔ ہائے ہائے" کے نعرے لگاتے اپنی عبرتناک تعداد کو جلوس کی شکل دینے کی کوشش کر رہے تھے۔ ان کی حالت اتنی قابلِ رحم تھی کہ جی چاہا کہ جب منزل ایک ہے تو انھیں کے ساتھ شامل ہوجائیں۔ لیڈر تو وہ ہمیں فوراً تسلیم کر لیتے۔ مگر نوبت آئی نہیں انھیں ان جیسے ہی نازک بدن کم سن سپاہیوں نے روک دیا۔ وہ بھی شاید اسی کے منتظر اور آرزومند تھے۔ فوراً رک گئے۔ لیکن اس "نالۂ نارسا" کی وجہ سے ہمیں بھی پھاٹک پر روک دیا گیا۔ کہ ڈی۔ سی صاحب دیگر افسران کے ساتھ نظم ونسق کے مسائل پر غور کر رہے تھے۔

ہم ڈی۔ سی کو کب خاطر میں لانے والے تھے ہماری نظر میں طرحدار حسینہ کے دیدار کے پھول مہک رہے تھے۔ ہم نے اکڑ کے دربان سے کہا کہ ہمیں ڈی سی سے نہیں بیگم صاحبہ سے ملنا ہے۔ تھوڑی دیر بعد جو صاحبہ ہاتھ میں ہمارا کارڈ لیے برآمد ہوئیں وہ واقعی حسینہ بھی تھیں اور طرحدار بھی شوخ اور ہنس مکھ بھی۔ کارڈ کو بطور ثبوت بارِ دگر ہمارے سامنے الٹ پلٹ کر دیکھتے ہوئے پوچھا۔ فرمایئے۔

ہم نے اپنے دوست اور ان کے "کزنی" تعلقات کی ساری بے تکلفی

یکجا کر کے کہا۔ "وہ پروفیسر رشید امجد صاحب نے بے حد اصرار کیا تھا کہ آپ سے ملے بغیر واپس نہ آؤں۔ سو حاضر ہو گئی۔"

"کون رشید امجد"

قاعدے سے ہمیں موقع محل کا جائزہ لینے کے لیے سنبھل جانا چاہیے تھا۔ مگر قاعدے قانون اور موقع محل اور رکنے اور سنبھلنے سے ہمارا دور کا بھی تعلق نہ تھا۔ لہٰذا ہم نے فرمایا۔ "اوہو۔ آپ کو پہچاننے میں اس لیے دِقت ہو رہی ہے کہ میں بھوپال کا حوالہ دے رہی ہوں۔ وہ صرف چند دنوں کے لیے بھوپال آئے ہیں ورنہ رہتے دراصل وہ ریوا ہی میں ہیں۔"

"ریوا ـــــ!"

"اور اصل وطن ان کا الٰہ آباد ہے۔"

"جی ـــــ" وہ کچھ نہ سمجھتے ہوئے ہمیں گھورے چلی جا رہی تھیں۔ ان کے اس تجاہل پر ہماری انا کو بھی زوردار ٹھیس لگی۔ ہم نے لہجے میں کھنک اور آواز میں کڑک پیدا کر لی۔ کہ لوہے کو لوہا ہی کاٹتا ہے۔ "مگر وہ تو کہہ رہے تھے کہ SIDE WAYS سے یعنی کسی رشتے سے آپ ان کی سالی ہوتی ہیں ـــ؟" "سالی ـــ؟" اسے انھوں نے بروزنِ گالی سمجھ کر برا سا منہ بنا لیا ـــ

"اور ان سے آپ کی باقاعدہ خط و کتابت بھی رہتی ہے۔"

"خط وکتابت ـــــ ؟" وہ بوکھلائیں۔ اور بار بار مڑ مڑ کے چور نظروں سے ڈرائنگ سے لگے اس برآمدے کی طرف دیکھتی تھیں جہاں ان کے شوہر نامدار افسران کی آخری کھیپ سے محو گفتگو تھے۔ ایک آدھ لفظ بھولے بھٹکے ان کے کان میں بھی پڑ سکتا تھا ـــــ!

جی ہاں ـــ اور آپ نے بھوپال کے پتے پر حال ہی میں لکھا ہے کہ مکان بیچ کر اور سارا پیسا لے کے آپ کے پاس آ جائیں اور یہیں رہیں۔"

ہمارے سُر کچھ اور اونچے ہو گئے۔ اب ان کے چہرے کا رنگ سرخ سے سفید اور سفید سے زرد ہوتا جارہا تھا۔

"دلی میں ہمارے پاس رہیں۔؟"

"اور کیا۔ آپ کو غالباً انھوں نے بتا دیا تھا کہ ان کا مکان ساڑھے چار لاکھ میں جلد ہی بکنے والا ہے۔"

ہم اپنے یقین کامل کے سہارے بغیر رُکے بولے چلے جارہے تھے۔

"ساڑھے چار لاکھ۔؟" اور اب ان کی آواز میں کپکپاہٹ پیدا ہو چلی تھی۔ اسی لیے پچاس ہزار کی زبانی ہیرا پھیری ہم نے پہلے ہی کر دی تھی۔

"یہ کس سے لاکھوں کے سودے ہو رہے ہیں بیگم۔؟ وی سی صاحب نے اندر آتے ہوئے کہا۔ ہم پر اک غیر متعلق سی نظر ڈالی۔ بیگم سے آہستہ سے کچھ کہا اور دفتر کے لیے روانہ۔ اور ہمیں یقین ہو گیا کہ اگر حالات سازگار اور ماحول پُر سکون ہوتا تو ہماری گفتگو کا ایک ایک لفظ ان کے کانوں کے راستے دل دماغ پر نقش ہو چکا ہوتا اور پھر جو ہوتا وہ تو ہوتا ہی۔

گاڑی کے اسٹارٹ ہوتے ہی اور باورچی کو اندر اور دربان کو باہر دیکھ کر بیگم صاحبہ کے اڑتے ہوئے ہوش اور کھوئی ہوئی ہمت کی واپسی ہو چکی تھی اور غالباً انھیں ہماری نیت پہ شبہ ہونے لگا تھا اور انھیں ایسے تمام واقعات یاد آنے لگے ہوں گے جہاں بنی ٹھنی سمارٹ عورتیں حیلے بہانوں سے گھروں میں گھس کر بہت کچھ کر جاتی ہیں۔ مگر وہ تھیں مہذب اور ہمارے اندر بھی کچھ شرافت اور مسکینیت کے آثار نظر آرہے ہوں گے۔ لہٰذا دربان سے دھکے دے کر نکلوانے کے بجائے باورچی کو چائے لانا کا حکم دیا اور ہم سے تمسخرانہ انداز میں فرمایا۔

"دیکھیے آپ کا اپنا کوئی کام ہو تو فرمایئے۔ ان صاحب کے تعلق اور حوالے کے بغیر۔ کیوں کہ ان کا ہم لوگوں سے کوئی واسطہ نہیں۔ نہ رشتہ داری

نہ خط و کتابت۔ آپ کو ضرور کوئی غلط فہمی ہوئی ہے۔"

ان حالات میں کیسی چائے اور کہاں کا شربت۔ ہم پر تو اس خشک سالی کے باوجود گھڑوں پانی پڑ چکا تھا۔ اور ہم اپنی ساری تیزی طراری اور بے تکلفی بھول چکے تھے اور اس سے پہلے کہ وہ اپنی خوش مزاجی سے قطع تعلق کرلیں اور ہم معذرت کر کے بھاگے۔

بھوپال پہنچ کر ان حضرت سے اس واقعہ کی جو واردات بنتے بنتے رہ گیا تھا شکایت کی تو انھوں نے الٹا ہمارے سر الزام رکھ دیا۔

"واہ میں نے تو مرغوب مستقیم امجد کہا تھا۔"

"مگر ہمیں تو علی احمد امجد کے گھر پہنچا دیا گیا۔ بڑے ناموں کی چکا چوندھ میں چھوٹے نام اسی طرح نظروں سے اوجھل ہو جایا کرتے ہیں۔۔!

"لیکن ہائے ہماری شوخ اور طرحدار سالی"۔ انھوں نے کمزور پھیپھڑوں کی پوری طاقت کے ساتھ آہ بھری۔

اور ہم سر پیٹنے کے سوا کچھ نہ کر سکے۔ بھلا اپنے پروگراموں کا ڈھنڈورا پیٹنے کی ضرورت ہی کیا ہے۔! اور اگر ڈھنڈورا ایسا ہی لازمی ہے تو پھر ہر کہا سنا یاد رکھنا چاہیے۔ صحیح صحیح۔

اُس شکار سے اِس شکار تک

شکار تو زندگی میں ہم ہزار بار ہوئے۔ بزعم خود فریبی شکار کرنے کی کوشش بھی کی ہوگی۔ مگر یہ نہ پوچھیے کہ:

فتراک میں تیرے کوئی نخچیر بھی تھا،

کہ یہ سب میونسپل حدود کے اندر کی واردات ہیں۔۔!

میونسپل حدود سے باہر دو شکاروں کے عینی شاہد بننے کا فخر حاصل ہو چکا ہے۔ مگر دونوں واردات میں برسوں کا فاصلہ ہے۔ پہلا ۱۹۵۱ء میں دیکھا۔ اور دوسرا جو یقیناً آخری ثابت ہوگا، ابھی حال ہی میں۔ تازہ بہ تازہ نو بہ نو۔ یعنی سال رواں کے دوسرے مہینے کا آخری دن (۸۳ ۔ ۲ ۔ ۲۸)

جلے واردات میں بھی جنوب شمال والا معاملہ ہے۔ کہاں بھنڈارا (مہاراشٹر) کے جنگل اور کہاں اپنا ہلکورے لیتا ہلالی تالاب۔ مگر فقیر کی جھولی میں اس کے علاوہ کچھ ہے بھی کہاں! لن ترانیوں کے لیے کچھ اصل تو چاہیے۔ آخر حاشیہ آرائیوں کا حاشیہ کتنا پھیلے گا۔ ہاں یہ البتہ ممکن ہے کہ زور قلم کے سلسلے میں مانگی گئی پچھلی کسی دعا کے اثر سے یہ ایک اور ایک دو کے بجائے ایک اور ایک گیارہ بن جائے۔۔!

اور صاحب شکار اولین میں بھی ہم آداب شکار سے اتنے ہی ناواقف

تھے جتنے آج ہیں اور اتنے ہی بیزار۔

اس وقت کے شکار میں بھی کچھ کچھ شہنشاہیت اور ملوکیت کا جلال تھا، اور آج بھی جلال بہ شمولیت جمال۔!

لہٰذا ہمارے کمپیوٹر کی رو سے بیچ میں آنے والی اس چوتھائی صدی کو سرے سے غائب ہی کردینا چاہیے۔ اس کمپیوٹرایج میں کمپیوٹر کی سہولت کا خاص خیال رکھا جاتا ہے کہ وہ' وایک پیج ہے۔!!

خیر تو چوتھائی صدی پہلے ہم تین باہمت بھائی بہن موسم گرما کی چھٹیاں گزارنے اور اپنے والد محترم کے عہدے کی شان وشوکت دیکھنے کی خاطر شہر ناگپور سے بھنڈارا آئے تھے۔ ویسے رعب دبدبے کے نظارۂ جاں سوز کے لیے اس سفر کی حاجت نہ تھی کہ اس سے تو گھر میں ہر لمحہ فیض یاب ہوتے رہتے تھے۔ کیوں کہ وہ تھے انگریز بہادر کے زمانے کے S.P. اور یہ عہدہ اغیار و احباب تک کی نظر میں کسی طرح I.G. سے کم نہ تھا۔!! اور ہیڈ کواٹر میں تو واقعی ان کا سلسلۂ نسب شہنشاہ اکبر و بابر سے ہوتا ہوا چنگیز خاں سے جا ملتا تھا۔!

ہم بچّوں کی آمد کی خبر دور دور تک پھیل جاتی تھی اور ہر چہار اطراف سے خاطر مدارات کی یلغار ہو جاتی تھی۔ کہیں سے جھوا بھر مرغ دن دہاڑے بانگ دیتے چلے آرہے ہیں اور کہیں سے تڑپتی پھڑکتی مچھلیاں، کہیں سے مہکتے پھل، کہیں سے مہکتی دہکتی مٹھائیاں۔

ویسے تو چھٹّیوں کی تنگ دامنی آج بھی خون کے آنسو رلاتی ہے۔ مگر اس زمانے کے ماتم کا حال نہ پوچھیے۔

تو ایسی ہی ایک چھٹّیاں تھیں۔ اور ایسے ہی عیش وطرب میں گلے گلے ڈوبے دن کی کیف آور رات کا پہلا پہر۔ ابا جی حسب معمول اپنے کمرے میں کام کررہے تھے اور ہم لوگ میدان میں لگے پلنگوں پر پڑے گپیں ہانک رہے

تھے ۔ خیال رہے کہ چھٹیوں کے زمانے میں ہم بھائی بہنوں میں بھی سخت قسم کی SHORT TERM دوستی ہو جایا کرتی تھی (ناوابستہ کانفرنس میں شرکت کرنے والے سربراہوں کی طرح ۔ !)

تو خیر ہم لوگ آرام فرماتے تھے کہ اسی دم ایک بند جیپ ہم لوگوں سے کچھ فاصلے پر آکر رکی ۔ چند سپاہی اور افسران برآمد ہوئے اور ابا جی کے کمرے میں چلے گئے، اور ہمیں ہمارے راز دار اردلی نے اطلاع دی کہ قریب کے کسی جنگل میں کوئی شیر بہ فیض ٹورسٹ ڈیولپمنٹ کارپوریشن TOURIST DEVELOPMENT CORPORATION بغرض سیر و سیاحت چہل قدمی اور پیش قدمی کرتا ہوا دکھائی دیا کرتا ہے ۔ کچھ اسی کی داستانِ رنگیں ہے ۔

ابا جی نام ہی کے نہیں کام کے بھی رستم تھے ۔ ثبوت کے طور پر وردی میں کچھ تمغے اور گھر کے مختلف کمروں میں شیر کے سر اور چیتے کی کھالیں اور بارہ سنگوں کے نوکیلے سینگ لٹکے تھے، لہٰذا وہ کیل کانٹے سے لیس جیپ میں سوار ہو گئے ۔ مقصد اس وقت شیر کا شکار نہیں محض اس کے مقاماتِ آہ و فغاں کا جائزہ لینا تھا ۔ جانے کیا نیکی جی میں آئی کہ ہم لوگوں کی طرف بھی دعوت نامہ اچھال دیا ۔ ہم نے اپنے پارٹی لیڈر کی طرف دیکھا کہ کچھ ادھر کا بھی اشارہ چاہیے ۔

ویسے تو اہنسا وادک بھائی شکار کے نام پر مچھر تک مارنے کے روادار نہ تھے ۔ مگر اس وقت کچھ گیان دھیان کا موڈ طاری تھا ۔ سوچا ہو گا جنگل کے طواف ہی سے شاید نروان حاصل ہو جائے ۔ فوراً اٹھنے کا سگنل دیا ۔ ہم دونوں بہنیں لپک کے بستر سے اچھل پڑیں ۔ حالانکہ عام حالات میں اس مسئلے پر آدھ گھنٹے سے کم بحث نہیں ہوتی تھی ۔ اور مختلف ریزولیوشن کے بعد ہی اٹھا جاتا تھا ۔

خیر تو ذرا دیر بعد ہم سب جیپ میں ٹھونس دیے گئے ۔ وہ اس طرح

کہ شکاری بندوق تانے پیچھے اور ہم آگے، اور پھر چلنا جیپ کا خراماں خراماں سمتِ صحرا بیاباں۔

لیکن جوں ہی اس نے رفتار پکڑی "دل ہر پرزہ سازِ نا لجیب" بن گیا۔ اور پھر اس پر دگرام کا پر جوش مظاہرہ ہونے لگا۔

ابا جی انسپکٹر پر گرجے۔ "یہ جیپ ہے۔ کہاں سے لے آئے۔ کھٹارا گاڑی"۔

"سر! وہ دوسری والی میں کمشنر صاحب کی میم صاحب پکچر دیکھنے گوندیا گئی ہیں"۔ کمشنر اور ایس پی میں ہمیشہ سے ایک تعلق مگر رقیبانہ چلا آتا ہے۔! ابا جی نے اتنے زور سے دانت پیسے کہ ہم لوگ بتیسی اٹھانے جھکنے ہی والے تھے۔!

"چلو واپس" حکم ہوا۔

ہم لوگوں کی نانی مرحومہ دوسری بار مرحوم و مغفور ہو گئیں۔ ایسا ہی تھا۔ تو آنے کی کیا ضرورت تھی۔ کتنے مزے میں پلنگوں پر پڑے تھے۔ مگر خیر اس وقت خدا بھی ہم "معصوم بچوں" کے حق میں دھاندلی کر گیا کہ لمبی چوڑی گاڑی کے واپس مڑنے کی گنجائش ہی نہ تھی۔ راستہ تنگ۔ ایک طرف جنگل۔ دوسری طرف کھائی۔ لہذا واپسی پر آہستہ روی کو ترجیح دیتے ہوئے۔ ہم جیپ میں بیل گاڑی کے مزے لوٹتے آگے بڑھے۔

جب خمار گندم میں خمار مرغ بھی شامل ہوا اور سواری میں جھولے کی سی کیفیت تو نیند آئے گی ہی۔ اونگھتے جھومتے سر بار بار جیپ کی پٹی سے ٹکراتا تھا اور ہم لحہ بہ لحہ شکار ہوتے ہوئے جا رہے تھے۔ اتنے میں سرگوشیاں ابھریں۔ "روکنا۔ روکنا"

سرچ لائٹ کی روشنی کے دائرے میں پندرہ بیس ہرنوں کا جھنڈ کس وقار اور ادا سے اٹھکھیلیاں کرتا گزر رہا تھا۔

ابا جی "روکو۔ روکو" کہتے رہے۔ مگر جیپ ڈرائیور کی تمام تر مشاق اور کوششوں کے باوجود کہیں آدھے فرلانگ پہ جا کر ایک گڑگڑاہٹ کے

ساتھ رکی اور ہرن۔ وہ تو پہلے ہی اسم بامسمیٰ ہو چکے تھے۔

خیر پھر اسی گھن گرج سے جیپ اسٹارٹ ہوئی۔ اور یہی مناظر باین واقعات پھر دہرائے گئے۔ مگر دوسری مرتبہ ایک سانبھر جو ذرا مہاتما قسم کا تھا عالم سر شاری میں وہیں کھڑا رہ گیا۔ اس کے سارے ساتھی حسب روایت اسے چھوڑ کر روپوش ہو گئے اور خود اسے بھی فرار کے سارے مواقع فراہم تھے۔ گاڑی کے رکتے رکتے اور کارتوس کے بھرتے بھرتے تک ایک طویل زمانہ گزر گیا۔ اگر وہ چاہتا تو ایک نہیں کئی سرحدیں پار کر لیتا۔

مگر اس پر غالباً اسرارِ خودی اور رموزِ بے خودی والی کیفیات طاری ہو گئی تھیں۔ لہٰذا اس نے خودکشی پر اس درجہ اصرار کیا کہ آخر نہایت اطمینان کے ساتھ اس پر گولی چلانی پڑی۔

اگلے روز کے کبابوں کے تصور سے ہم لوگوں کے نیم بیدار مایوس دلوں میں بیداری کی لہر پیدا ہوئی۔ مجبوری کے اسی عالم میں آگے بڑھے تھے کہ پھر پرشور سرگوشیاں ابھریں "روکو۔ روکو یہ" "حجور وہ دیکھیے وہ شیر۔ شیر" اب سب چونکے بھی اور چوکنے بھی ہو گئے۔ جنگل میں دور ایک تیز سی روشنی دھیرے دھیرے سنبھل سنبھل کر آگے بڑھ رہی تھی۔

"ارے تجھے کیسے معلوم شیر ہے"

"جناب آنکھیں کیسی چمک رہی ہیں۔ باگھ کے سوا کچھ ہو ہی نہیں سکتا"

"مگر تم تو کہتے تھے شیر اندر کی طرف ہے"

"حجور اس کا کیا ٹھکانا جنگل کا راجا ہے نا" روشنی کچھ اور آگے آئی، ہم لوگ ڈر سے تھر تھر کانپنے لگے۔ وہ تو ٹھنڈی ہوا سے بھرم قائم رہ گیا۔ ادھر چاروں پانچوں ماہر شکاری بھی قدرے نردس ہو رہے تھے۔ سب نے بندوقیں تان لیں۔ روشنی اور قریب آئی بندوقوں پہ گرفت اور مضبوط ہوئیں پھر اباجی کی آواز آئی۔

"مگر اس کی تو ایک آنکھ ہے۔ دوسری تو چمک ہی نہیں رہی ہے۔"

اس وقت تو کچھ سوجھا نہیں۔ مگر آج وہ عالم ہوتا تو ہم یقیناً کہتے کہ حضرت شیر کا آپریشن ہوا ہوگا۔ اور دوسری آنکھ ابھی بنی نہیں۔

اس یک چشمی مسئلے پر سب بوکھلا گئے۔ خصوصاً وہ سپاہی جس نے شیر کی بشارت دی تھی اور اس سے پہلے کہ کوئی گولی داغی جاتی یہ راز کھل گیا کہ وہ نہ شیر ہے نہ یہ اس کی چشم روشنی۔ (پھر دل کی شادمانی کی گنجایش کہاں۔ !) وہ تو قسمت اور مصیبت کا مارا کوئی دیہاتی ہے جو لالٹین جلائے چلا آرہا ہے۔

تو یہ تھا ہمارا پہلا شکار۔ ا

اور اب راوی بیان کرتا ہے داستان دوسرے اور آخری شکار کی جسے غلام ربانی تاباں نے کھیلا اور ہم سب نے جھیلا۔ اور خواتین اور بچے گان اور بچی گان یہ کوئی رپورتاژ نہیں۔ (سبوتاژ البتہ ہوسکتا ہے) کریں بیان اپنا صغرا مہدی کے اس خط سے شروع کروں جس میں تاباں صاحب کی آمد کی اطلاع ان کی بیٹی عذرا کے واسطے سے ملی تھی۔ نہ میں ان گپوں کی ہوا لگنے دوں گی جو سرکٹ ہاؤس میں دو دن تک عصمت چغتائی سے ہانکی گئی تھیں۔ نہ میں کیفی اعظمی کے عالم کیف کا ذکر کروں گی۔ نہ اردو اکادمی کے اس آل انڈیا مشاعرے کی بے کیفی کا جو آل بھوپال کیا آل گھرنی والا میدان مشاعرہ بھی نہ بن سکا۔ اور پھر شکار کا سمینار کے مقالات کی بھی۔ بھی گرما گرمی سے کیا واسطہ۔ اور شب افسانہ کی بے رنگ رنگیوں سے کیا تعلق۔ ؟

اور پھر اس شب خون میں کر جو حالات حاضرہ وغائبہ کے تحت شام کے دھندلکے میں مارا گیا شکار نمبر ایک کی طرح۔ ہم بھی کندھا دینے والوں کے عالمِ بے خبری میں پکڑے گئے لہذا وہ افسانہ ہوگا صرف اس تاریخی شکار کا اور وہ بھی اگلی قسط میں۔

خیر تو وہ واقعہ جسے اجتماعی کوششوں سے کارنامے کا درجہ حاصل ہوگیا

تھا۔ ۲۸ فروری کا تھا۔ پچھلی رات اردو اکادمی کے مشاعرے سے "سرِشام" واپسی پر سردار جعفری کی قیادت میں کہ جس میں ہنوز صدارت کا رنگ باقی تھا کیفی اعظمی کو ان کے کمرے تک پہنچایا اور عصمت آپا کو مع ان کے بڑے سے پرس اور چھوٹی سی کنجی کے ان کے کمرے میں۔ شب بخیر کہہ کر میں خود اپنی واپسی و سلامتی کے لیے مُڑ ہی رہی تھی کہ عصمت آپا نے آواز دی۔

"اے سنو کل سانچی جا رہے ہیں۔ تم بھی چلنا۔"

سردار جو اپنے کمرے کا دروازہ کھول رہے تھے رک گئے۔ "تو گویا عصمت یہ طے ہے کہ کل تم بمبئی نہیں جا رہی ہو۔" پہلے کی تو خبر نہیں البتہ اس عمر میں وہ وعدہ شکنی پر کچھ شرمندہ ہو رہی تھیں۔

"ہاں اب انتظام ہو گیا ہے تو سانچی دیکھ ہی لوں۔"

ڈرائیور گھر جانے کے لیے بے چین تھا۔ ہارن بجایا میں نے بارِ دگر خدا حافظ کا آموختہ کیا۔ اچھا تو صبح آجانا۔ عصمت آپا غالباً ہر وقت بات کرنے والے کو ساتھ رکھنے کی عادی ہیں۔

'کتنے بجے ؟' سانچی سے تو مجھے قطعی دل چسپی نہ تھی مگر عصمت آپا۔

'یہی کوئی آٹھ ساڑھے آٹھ بجے۔' "ارے چھوڑیے۔ بھلا کل ½ ۸ بجے بھی کوئی اٹھ سکے بھی گا۔ دیکھ لیجیے۔ اس سے پہلے روانگی نہیں ہوگی۔" میں بھوپال کے مشاعروں کی صبح سے پوری باخبر تھی۔

"خیر جب بھی ہو ضرور آجانا۔"

دوسرے دن دس بجے بڑے اطمینان سے ہم پہنچے اور جیسی کہ توقع تھی میدان صاف تھا، اور کمرے میں نک سک سے درست آپا، کوثر جہاں سے محوِ گفتگو تھیں۔

یہ گوشت و دشت ہمیں بالکل پسند نہیں آتا، تو پھر جو آپ کہیں۔

کوثر رات کے کھانے پر عصمت آپا کو مدعو کر رہی تھیں اور مینو DISCUSS

ہو رہا تھا۔ مینو کے بنانے میں ہم بھی شامل ہو گئے کہ اس طرح ہماری دعوت کے امکان بھی روشن ہو گئے۔

پوری، میتھی کی بھاجی، لہسن مرچ کی چٹنی اور فیرنی پہ سمجھوتہ ہوا اور ہمارے دل پر اوس پڑ گئی۔ "اچھا تو آپ دونوں سات بجے تک گھر آجایئے گا اب میں جاتی ہوں۔ دس بجے کالج میں میٹنگ ہے۔"

ہم تینوں برآمدے تک ہی آئے تھے کہ داستان پارینہ کے شہنشاہ جدید حضرت عزیز چیئرمین مالک ماہی و مرغ اپنی نئی چمچماتی نیلی امبیسڈر سے لیے حاضر ہو گئے۔ مصاحبی کا منصب جلیلہ پروفیسر آفاق احمد سنبھالے ہوئے تھے۔ ہے ناشکار نمبر ایک کا نقشا اور اس سے بھی زیادہ آباد و شاداب کچھ اصرار، کچھ انکار کرنے کے بعد کوثر چلنے پر راضی ہو گئیں اور کچھ بے جان اور کچھ جاندار سہاروں کے سہارے کیفی صاحب کو بھی امبیسڈر میں بٹھا دیا گیا۔ وہ صد ہزار جلوے جن کے راہ گزر میں پائے جانے کے امکان تھے ان سب کی دید کا عزم جواں لیے ہوئے عصمت آپا نے کھڑکی والی سیٹ پر قبضہ کر لیا۔ ویسے وہ نیوی بلیو اور براؤن پرنٹیڈ جارجٹ کی ساری ہلکے نیلے کارڈیگن اور سفید براؤنڈ بالوں میں بے حد اسمارٹ لگ رہی تھیں۔ خیر دائیں بائیں ہم لوگ بھی ٹھس گئے۔

عزیز قریشی نے عنانِ حکومت سنبھالی اور گاڑی سرکٹ ہاؤس سے جو اڑی تو نالندہ ہوٹل پہ رکی۔ یہاں پر صرف تاباںؔ اپنی پوری آب و تاب کے ساتھ طلوع ہوئے۔ باقی بے نچھی صورت حال کا اندازہ کر کے پہلے ہی ہوا ہو چکے تھے اور صورت حال اب ہماری فہم ناقص پر بھی کچھ کچھ واضح ہو رہی تھی کہ رات عزیز صاحب کے بنگلے پر بعد از طعام بنا ہوگا یہ پروگرام۔

پورے ۳۴ سال پہلے یعنی ۱۹۴۹ء میں "سچ مچ کی کل ہند کانفرنس" کے سلسلے میں جوشؔ، کرشن چندر، عصمت، مجاز، کیفی، سردار اور ایسے ہی جانے کتنے دیو قامت نقاد، شاعر اور ادیب آئے تھے کہ تنگ گلیوں اور نیم تاریک

ڈیوڑھیوں والا چھوٹا سا بھوپال جھلکا جھلکا پڑ رہا تھا۔ سانچی کی یاترا کے لیے جو کل کا گھوڑا انھیں نصیب ہوا تھا اس کی کوئی کل سیدھی نہیں تھی۔ اور تھک تھک کے ہر مقام پہ رکنے کے باوجود بے کلی اس کی ایسی بڑھی کہ آدھے راستے کے بعد اس نے آگے بڑھنے سے قطعی انکار کر دیا۔ سی کلاس اسٹیٹ تھی نہ کسی ایمرجنسی کا زور چلا نہ کس بل کا۔ مجبوراً ذوق سفر کے کشتگان اور حسرت دید کے شہیدان دل فگار اور تنِ خستہ لیے واپس لوٹ آئے (واپسی کے ذرائع وسائل ابھی تک صیغۂ راز میں ہیں) اور اب اتنی مدّت بعد عصمت آپا آئیں تو پھر یہ سانچی کھپلے میں پڑا جا رہا تھا۔ ویسے بھی کہاں عصمت آپا کا ہر وقت کا شوقِ گفتگو اور کہاں سانچی کا یہ پُر اسرار سناٹا۔ اور بھکشوؤں کے ویران دہاروں کی اداس خاموشی۔ مگر ہر سمجھدار کچھ دیر کے لیے خاموش ہو جاتا ہے۔

سو اب یہ بے آواز برق رفتار چمچماتی بے کل کی گاڑی سمتِ سانچی اڑی جا رہی تھی۔ راستے میں وہی سب ہوا کہ جو ایسے موقعوں پر ہوتا ہے ۔ نہ ایک انچ ادھر نہ ایک انچ ادھر۔

آپ آرام سے ہیں۔

دیکھیے یہ کُشن اور لگا لیجیے'۔' نہیں شکریہ کافی ہیں'۔' دھوپ تو نہیں ادھر اس طرف آجاتیے'۔' آپ آئیے'! آپ آجائیے۔ پانی پییں گی۔ ارے بھائی کولڈ ڈرنکس کا پورا کریٹ منگوا لیا تھا' آفاق نے رکھنے ہی نہیں دیا۔ مونگ پھلی نہیں ملتی کہیں۔ راستے میں دکھائی دیں گی تو لے لیں گے۔

پھر بیتی باتیں۔ گزری یادیں۔ بچھڑے ساتھی سب گڈمڈ ہونے لگے۔ سانچی کی تاریخ' بدھ ازم کا فلسفہ' بھوپال کی سیاست۔ ادب کی چالیس انجمنوں کی لگائیں اور پھر چھوٹا ہیڈکوارٹر سانچی کا سرکٹ ہاؤس۔

چوکیدار ہاتھ باندھے کھڑے ہیں۔ بیرے چلے کی کتیلی لا رہے ہیں ــــ

گول مال (طنزیہ مزاحیہ مضامین) 70 شفیقہ فرحت

لے جا رہے ہیں۔ پیالیاں کھڑک رہی ہیں۔ چمچے شور کر رہے ہیں اور ہم لوگ بول رہے ہیں۔ پھر ASIAD اور SUMMIT کے سے تام جھام، تزک و احتشام کے ساتھ ہم لوگوں کے سانجھی فیسٹیول کا بھی ڈراپ سین ہوگیا۔

ناظرین اور حاضرین خیال رہے کہ شکار اب تک صیغۂ راز میں ہی تھا... ہم جیسے پلاسٹک ایج والوں کے کمزور دلوں کو مزید ٹوٹ پھوٹ سے بچانے کی خاطر صرف اتنا اشارہ ہوا کہ کھانا (پانی سمیت) ہلالی کے ریسٹ ہاؤس میں کھائیں گے۔ ہلالی ڈیم اس کا ریسٹ ہاؤس، اس کی شان و شوکت لوازمات سے بھری چیز ایک اشارے پہ بیروں اور چپراسیوں کا آنا اور دوسرے اشارے پہ ان کے رنگوں کا جانا۔

لاکھ روکنے کے باوجود والد محترم کا گزرا ہوا زمانہ یاد آگیا۔ ہم خواہ مخواہ اپنی یاد داشت کا ماتم کیا کرتے تھے "قند مکرر بہ انداز دگر" بس وہاں وردی خاکی تھی یہاں سفید۔ اب معلوم ہوا کہ وقت ہمارے یہاں فریز میں رکھ دیا جاتا ہے۔ وہی چوتھائی صدی پہلے کی طرح جب خمار گندم خمار ماہی سے ہمکنار ہو کر دو آتشہ ہو چکا تھا اور جادو سر چڑھ کے گفتگو کے موڈ میں تھا کہ بہ ذریعہ دور درشن ایک پریس نوٹ جاری ہوا کہ شکار کا بھی انتظام و اہتمام ہے۔

شکار۔ باوجود اس کے کہ معدے میں داخل ہونے والی خوراک کا وزن ہمارے اپنے وزن سے دو چار گرام زیادہ ہی ہو چکا تھا، ہم اچھے اور بے قابو ہوتے ہوئے دل کو پتھروں سے باز رکھنے کی خاطر PROTOCAL کے دو چار ہوائی فائر کیے تب وہ ذرا متانت پر شایستہ ہوا۔ بعد اس کے ہم نے حاضرین پر سی آئی ڈی یانہ نظر ڈالی۔ شکار کرنے کے آثار تو کسی ایک میں نظر نہ آئے البتہ شکار ہونے کے پورے پورے امکانات ہر ایک میں موجود تھے۔ اور پھر چاروں کھونٹ سے ایک کھونٹ میں بھی ہماری چشم نیم بینا کو جنگل نظر نہیں آرہا تھا۔

پروفیسر آفاق جو عالمانہ اور ادیبانہ گفتگو سے خاصے نڈھال ہو چکے

تھے اور جس میں اشیا خورد و نوش سے بھی کوئی خاص افاقہ نہ ہوا تھا۔ پنچم سُر راگ کالی چار میں بولے ۔ ہاں ہاں شکار۔

"کچھ ڈک شوٹنگ ہو جائے ہلالی ڈیم میں۔"

ہاں صاحب تو کون کون چل رہا ہے ۔ تھی مکرر لب لیڈر پہ صدا۔

ہم نے پھر ہر کون کا تیسری آنکھ سے جائزہ لیا اور کسٹم افیسر کی طرح دل ہی دل میں GLEARENCE دینا شروع کیا۔

عصمت چغتائی ۔ عمر ستر سے اوپر مگر ALL PARTS IN PERFECT WORKING ORDER

غلام ربانی تاباں۔ عصمت آپا سے عمر میں کچھ زیادہ تو صحت بہت کم موتیابند کے اپریشن کے نتیجے میں دنیا کو ایک آنکھ سے دیکھنے کے فلسفے پر سختی سے کار بند۔ لہٰذا زینے، سیڑھیوں اور نشیبی علاقوں کی طرف سے اکثر چشم پوشی برت جاتے ہیں۔

کیفی اعظمی۔ فالج کے باوجود قد و قامت کی طرح ہمّت بلند۔ سینہ چلے تانیے کا سا عزم راسخ دلولے جوان ۔

"ہم سب ہی چلیں گے !!"

اور مجھے وسوسوں کے جال سے چھٹکارا دلا دیا۔

وہی پچھلے شکار کے سے ڈیڑھ پونے دو متوالے۔

کہ ہم چھُٹ بھیّے کسی قطار و شمار میں نہ تھے ۔ !!

تالاب بالکل سامنے تھا مگر جملہ شکاری اسی SLOWRACE کے لیے گاڑی میں سوار ہوئے اور اب جو گاڑی چلی تو اس شکار کی کھٹارا جیپ کی طرح رکنے کے پروگرام سے قطعی بے نیاز۔ جی میں آیا کہ روکو روکو کے نعرے لگائیں ۔ مگر وہی متواتر چلتا ہوا پاؤ صدی پہلے کا شکار نظروں کے آگے گھوم گیا۔ بھلا یہ کیا رکیں گی جب نہ جیپ قدیم رکیں ۔

ساحل سمندر اتنا قریب آگیا کہ خیال ہوا کہ موٹر بوٹ کا احسان اٹھانے کی ضرورت نہیں، اسی موٹر سے کام چل جائے گا۔ ویسے بھی تالاب نیا بنا تھا اسے بھی ہنوز پانی کی عادت نہیں تھی اور خشکی کے جانوروں سے اب بھی پیار۔! سو اس خیالِ خشک و تر سے دل کو بڑی تقویت حاصل ہوئی، پھر بھی احتیاطاً ہم اپنی تیراکی کی صلاحیتوں کا جائزہ لے رہے تھے کہ آخر گاڑی لبِ بام ایک لرزہ خیز وزلزلہ انگیز جھٹکے سے رکی۔ جملہ ماہر شکاریوں اور کہنہ مشق تماش بینوں نے کمانڈر این چیف کے ڈائریکشن میں اپنی اپنی جگہ سنبھالی پھر تو تنگی جا کا کچھ یہ عالم ہوا کہ جگہ نے لوگوں کو سنبھالنا شروع کیا۔!!

سرے پر عزیز قریشی دوسرے پٹیے پر بٹھائی گئیں کوثر جہاں۔ اب BALANCING کا مسئلہ کسی طرح حل ہی نہ ہوتا تھا اور کوثر جہاں کا پلڑا بھاری ہوتا جا رہا تھا۔ جمع تفریق اور دھرم کانٹے کے ناپ تول کے حساب سے بیٹھنا ان کے برابر کیفیؔ یا آفاق کو چاہیے تھا مگر آج تنی محفل شکار کے مرکزی کردار تھے۔ تاباںؔ۔ یہ ان کے عہدِ شباب کی دلی آگ تھی جس کا ایندھن ہم سب بنے جا رہے تھے۔ سو بندوق تو انھیں کو چلانی تھی اب اگر وہ پیچھے کی سیٹ پر بیٹھتے تو گولی آگے والے کے سینے کے آر پار۔! بہرحال سمئی لائف بوٹ رکھے دیکھ کر 'باوزن' موت کو ترجیح دی گئی۔

ویسے بھی کوثر کو قابو میں رکھا جا سکتا تھا۔ بندوق کا کیا بھروسا۔

ایک توپ قامت بندوق جسے عرفِ عام میں بارہ بور کہا جا رہا تھا۔ مگر جس میں ہمیں صرف دو نالیاں نظر آ رہی تھیں عزیز میاں کے ہاتھ میں تھی اور اس جیسی دوسری تاباں اپنے غزالی (غزل کی طرح نرم و نازک) ہاتھوں میں تھامنے کی کوشش میں سرگرداں تھے اور ساتھ یہ STATEMENT بھی عوام الناس کی خاطر دیے جا رہے تھے کہ "ایک زمانے میں میں نے بہت شکار کھیلا ہے،" کاش ہم عبرت ناک گھڑی کے بجائے اسی زمانے میں ہوتے۔!

پھر توبہ استغفار کے سارے دروازے عزیر میاں کے اس انکشاف نے ہم پر وا کیے کہ "میونسپل حدود کے باہر ہیں نے کبھی شکار کھیلا ہی نہیں۔ بندوق وندوق سے میرا کیا تعلق۔ ہاں میاں ذرا کھول کے کارتوس بھرنا تو بتا دو" اور سامنے رکھے کارتوس کے ڈھیر کو دیکھ کر واقعی پھریری آ گئی کہ شہادت کے لیے یہ کوئی ایسی نامناسب گھڑی نہ تھی۔!

موٹر بوٹ تھی کہ ہمارے دل کی طرح پھڑپھڑاتی چلی جارہی تھی۔ فضا خوشگوار۔ سطح آب ساکت۔ سورج شکست خوردہ۔ آسمان سنہرا تالاب کے چاروں طرف نیچی نیچی پہاڑیاں۔ گھنے گھنے، نکھرے نکھرے درخت۔ مگر کسی کافر کے پاس ان سے لطف اندوز ہونے کی ہمت نہ تھی۔ کوئی فرلانگ بھر دور ایک سیاہ لکیر کی طرف اشارہ کر کے کیپٹن چلایا۔ "صاحب وہ وہ دیکھیے" "چلو چلو بوٹ اسی طرف لے چلو۔ جلدی!"

حکم کی دیر تھی کہ موٹر بوٹ نے ہوائی جہاز کی رفتار پکڑ لی۔ اور دونوں بندوقیں تن گئیں عزیز میاں کی ایسی کہ نشانے پر نال اور لبلبی پر ہاتھ اور تاباں صاحب کی نالی عزیز کے کندھے پہ اور کندا میرے کندھے پہ۔ رہی نشانے کی تلاش و جستجو سو اس سے وہ قطعی بے نیاز تھے۔ اب موٹر بوٹ نشانے سے کچھ سو گز پر تھی اور نشانہ؟ تو اس کا کہیں پتا نشان نہ تھا۔ وہ تو پر باندھ کر اُڑ چکا تھا۔ دو چار مرتبہ ایسی ہی کبڈی ہوتی رہی تاباں حسب معمول نشانے باندھتے رہے اور عزیز میاں سمت و فاصلے سے بے نیاز گولی پر گولی چلاتے رہے۔ اب عالم یہ تھا کہ کبھی مرغابی آگے اور گولی پیچھے اور کبھی گولی آگے مرغابی پیچھے۔ اور ہو رہی ہیں آسمان کی وسعتوں اور بے کراں پانیوں میں ریسیں۔ ہم جملہ مساکین نے ہاتھ جوڑ کے عرض کیا کہ "حضور آپ یقیناً اس چند کلو میٹر خطۂ ارض و خطۂ آب کے مالک و مختار ہیں۔ یوں تو پرندوں کو خود حاضر ہو کر نذریں گزارنی چاہیے مگر آج شاید ملک الموت کا آف ڈے ہے۔"

سو ہماری چشم نیم بینا کو جناب نے یوں سرمۂ بصیرت افروز سے کھولا: "آپ کو معلوم نہیں چھٹی کے دن بھی فائلیں نپٹائی جاتی ہیں اور وہ بھی MOST URGENT لہٰذا چڑیاں تو خود آ آ کے گریں گی۔ کیا میں کیا میرا نشانہ۔" یہ کہہ کر پھر چاند ماری شروع کردی۔ اب کے واقعی دو تین آرڈر پر دستخط ہو گئے۔

عزیز میاں نے اڑتی چڑیا کہ جس کے پر ہم پہلے گن چکے تھے مار گرائی دو نیم جاں ایک نیم بسمل اور نیم جاں! نیم بسمل مرغابیاں میر انیس کے مرثیے کے مۂ نو کی کشتی کی طرح کبھی ڈوب رہی تھیں کبھی اچھل رہی تھیں اور موٹر بوٹ بچوں کے لٹو کی طرح ان کے اردگرد تیزی سے گھوم رہی تھی۔

ان کا یہ شکار کوثر نے پکڑا اور آفاق نے چھری پھیری۔ واللہ کیا COOPRATIVE EFFORTS مجھے پھر تو موٹر بوٹ پوری رفتار سے تالاب کے دیدہ شنیدہ کناروں، گوشوں اور زاویوں کو EXPLORE کر رہی ہے اور ہم مٹکے میں پڑے قلفی کے ڈبوں کی طرح ہل رہے ہیں۔ پرندوں اور گویوں کے درمیان صوتی مقابلہ بھی ہو رہا تھا اور چار سو میٹر اور آٹھ سو میٹر ریس بھی، اور عزیز کے علاوہ تاباں صاحب کے بھی جذبۂ بے اختیار شوق کا یہ عالم کہ: "سینۂ بندوق سے باہر ہے دم بندوق کا" بارے اگلی پچھلی صفوں کی اجتماعی کوششوں سے تاباں صاحب کی گولی ایک جل پری کے دائیں بازو کے ایک پر کے ایک بال کو چھوتی ہوئی نکلی۔ سب نے فتح کا نعرہ بلند کیا "وہ مارا تاباں صاحب وہ مارا"، کیفی بولے "واللہ کیا نشانہ ہے تمہارا اب بھی"

عصمت آپا نے لقمہ دیا "بس یہ تمہارا شکار ہے اس پر تمہارے نام کی چھری پھیر دی جائے گی" اس عرصے میں عزیز میاں بھی اس ننھی سی جان پر تین گولیاں اور وار کر چکے تھے۔ اور حسب معمول کوثر اسے پکڑنے کے لیے آدھے دھڑ سے جھکی تھیں اور ہم سب ان کے بقیہ آدھے دھڑ کو مضبوطی سے تھامے تھے اور آفاق صاحب بھی کہ جو مشاق پیشہ ور قاتل کی طرح کشتوں

کے پشتے لگائے جا رہے تھے چاقو ہوا میں لہرا چکے ہیں۔ مگر تاباں صاحب نے ہم سب کی پیش کشیں ٹھکرا دیں" نہیں یہ دائیں بازو کا شکار میرا نہیں ہوسکتا اگر بائیں بازو کے پاس سے بھی گولی گزر جاتی تو اسے شرفِ قبولیت بخش دیتا۔"

لیجیے پھر چاندماری شروع ہوگئی۔ کہ عزیز میاں کی آوازیں حکومت کے جادو کے دو ایک سرچڑھے فقرے بھی شامل تھے اور تاباں صاحب کو عظمتِ رفتہ کے علاوہ بائیں بازو کی فکر ستائے جا رہی تھی۔

اس پوری واردات میں سب سے مظلوم میری ہی ذات بے برکات تھی کہ مجھے سات بجے سے پہلے ریڈیو اسٹیشن پہنچنا تھا اور سات بجے ریلیز ہونے والے بجٹ کے ٹیپ کو سن کر ساڑھے سات بجے ایک مباحثے میں حصّہ لینا تھا جسے آٹھ بجے نشر ہونا تھا۔ وقت پر بھوپال پہنچنے کے سارے امکانات شکار اور شکاریوں کے شکار کی نذر ہو گئے، تو میں نے عزیز سے کہا:

ہاں میاں جہاں چاہو، جس کا چاہو جتنی دیر چاہو شکار کرو۔ تو مشقِ ناز کر خونِ دو عالم میری گردن پر۔"

میاں آفاق کچھ کم مظلوم ثابت نہ ہوئے کہ اس شکار میں ان کے ہاتھ بھی لہراتا ہوا چاقو اور چند قطرۂ خون کے علاوہ کچھ نہ لگا۔ رہیں عصمت چغتائی تو بمبئی کے شور وغل کے آگے یہ دھائیں دھائیں ان کے لیے موسیقی کا کام دے رہی تھی۔ لہٰذا جب وہ منظر سے تھک جاتیں تو پس منظر میں پناہ لے لیتیں۔ اور نہ بیچ بیچ میں تاباں صاحب پہ فقرے بازی کرنے سے بھی نہ چوکتیں۔ کیفی صاحب پہ البتہ اتنی دیر بیٹھے رہنے سے کچھ تھکن کے آثار پیدا ہو چلے تھے۔ لہٰذا کچھ گپ لڑانے کی کوشش کی مگر پتا چلا وہ الفاظ کے معاملے میں بے حد کنجوس واقع ہوئے ہیں یا پھر عقل کا ترازو باٹ ہاتھ میں لیے ۹۹ کے پھیر میں پڑے رہتے ہیں۔

اس وقت کو انھوں نے خود ہی یوں حل کیا کہ ہتھیلی ہمارے آگے پھیلا

دی! ہاتھ دیکھنا آتا ہے؟ وہ تو ہم بڑی دیر سے چاروں طرف دیکھ ہی رہے تھے کہ کس کو کیا آتا ہے۔ سو ہم نے بھی آنکھ بند کر کے دیگر شکاریوں کی طرح ہوائی تیر چھوڑے جو اس وقت کے حالات و ماحول کے زیر اثر نشانے پر جا جا کر لگنے لگے۔ جب ہمیں یقین ہو گیا کہ وہ واقعی مسکرا رہے ہیں تو عرض کیا! کچھ نہیں تو ایک شعر ہی عنایت کر دیجیے۔"

تو ہو گئی پھر ہم سے غلطی کر وہ ہو گئے پھر فکر میں غلطاں۔ قدرے توقف کے بعد اسی بگڑے ہوئے اور بھاشن والے انداز میں اتنے زمانہ طویل میں ایک شعر پڑھا کر جتنی دیر میں حضرت شہریار یا فضل تابش یا اجلال مجید پوری غزل سنا دیتے ہیں۔

کچھ اس ادا سے آج وہ پہلو نشیں رہے
جب تک ہمارے ساتھ رہے ہم نہیں رہے

پھر نہ جانے کیسے یہ معجزہ ہوا کہ تاباں صاحب کو یاد آ گیا کہ ان کا رزرویشن جس گاڑی سے ہوا ہے وہ ٹھیک ۸ بجے انھیں مع ان کے ٹکٹ کو چھوڑ کر اٹھاتی بل کھاتی دھواں اڑاتی چلی جائے گی۔ تب ہی انھوں نے تابڑ توڑ تین چار گولیاں اور چلائیں اگلی صفیں اُچھل اُچھل کر داد دیتی رہیں۔ BACK BENCHERS سہم سہم کر پیچھے ہٹتے رہے اور بالآخر ایک شکار کو اپنی بائیں بازو کی گولی کا نتیجہ تسلیم کر ہی لیا۔

ہر طرف سے غلغلہ ہائے دادِ تحسین بلند ہوا۔ کیفی پکارے " آخر تاباں تم نے شکار کر ہی لیا " عصمت آپا بولیں " بھئی کیمرہ ہوتا تو اس جل مرغی کے ساتھ تمھاری ایک تصویر اتروا لیتے تاکہ سند تو رہتی اگلی بار آؤ تو کیمرہ مین ساتھ لیتے آنا۔"

اور یوں اس شکار کا خاتمہ بالخیر یا بیخ گردن بریدہ جل مرغیوں اور اتنے ہی نیم مردہ انسانوں کی شکل میں ہوا۔ اور مہم کے دوران گاہے گاہے جو سرخاب کے دیدار مع اس کے پروں کے ہوئے اسے ہم نے سود کے کھاتے میں ڈال لیا۔

تعزیت ہماری

یہ تو خیر آپ کے علاوہ ہم نے بھی سُن رکھا تھا کہ جیتے جی بعض دور اندیش حضرات کچھ اس قسم کا وصیت نامہ تیار کروا رکھتے ہیں کہ:۔

بعد مرنے کے میری قبر پہ آلو بونا۔

اور بعض عاقبت اندیش آب زم زم میں بھگویا ڈبویا کفن پاس رکھتے ہیں۔ اور چند ایک اپنی قبر کی جائے وقوع پسند کرنے کے علاوہ اس کا ڈیزائن بھی کسی اچھے آرکیٹیکٹ سے بنوا لیتے ہیں۔ اور ایک آدھ کے متعلق یہ تک سنا گیا ہے کہ اپنی "تقریب چہلم" کی دیگیں خود اپنی نگرانی میں پکوائیں اور بصد اصرار احباب و اغیار کو کھلائیں۔

مگر اس قسم کی سماجی افواہ سے نہ ہم نے کبھی عبرت پکڑی نہ ہمیں اپنی یا پرائی موت یاد آئی۔

کہ وصیت خالص اقتصادیات اور ٹیکسیات کا مسئلہ ہے اور ملکِ فقیر میں ان دونوں کا جو حال رہا ہے اس سے تو اللہ بھی نظریں چُرا رہا ہے۔ مزید الجھاوے سے فائدہ ــــ؟ رہی کفن کی فراہمی کی بات ــــ تو اس میں کپڑے کی بڑھتی گرانی اور پانی کی کم یابی و نایابی سے لے کر "پریم چند شناسی" تک کے آثار پائے جاتے ہیں۔

لہٰذا اسے بھی ہم نے سماجیات، ادبیات و آبیات کے محققین و نقادین کی نذر کیا۔ اور مرگ ناگہانی کی آمد کے امکانات کی طرف سے حسب سابق بیگانہ

دبے تعلق بنے رہے۔ مگر جب ہماری ایک دوست نے جن کی قاتلانہ ادائیں اس رشتے کی نفی کرتی ہیں۔ ہماری تعزیت خود ہمیں سے بصیغۂ واحد حاضر انتہائی خلوص اور شدت سے کی تو ہمارے اندر اس ہارٹ اٹیک کے سارے آثار پیدا ہو گئے جس سے ہمارے وہ پڑوسی انتقال فرما گئے تھے جن کی اصل تعزیت کے لیے دوست صاحبہ تشریف لائی تھیں۔

ہماری ان کرم فرما کو اپنی عقل اور اپنے خلوص پہ اتنا ہی ناز جتنی کہ وہ ان صفات سے بے نیاز ہیں۔ جانا تھا آپ کو بیگم مرحوم سے تعزیت کرنے اور ہمدردی جتانے۔ مگر چونکہ ہمارے پتے سے خلق کو اکثر اوروں کے گھر مل جایا کرتے ہیں لہذا کچھ تو ٹھور ٹھکانے کے لیے۔ کچھ اپنے پھیلے ہوئے جسم کی پھولی ہوئی سانسوں کو قابو میں لانے کی کوشش میں کچھ آہ و فغاں کے نتیجے میں خشک ہونے والے حلق کو چائے پانی سے ترکرنے کی احتیاطی تدابیر کی تمنا میں وہ پہنچ گئیں ہمارے دروازے پہ جو ROUND THE CLOCK SERVICE STATION کی طرح ہر وقت کھلا رہتا ہے اور ہر بلا کے لیے حاضر —!

چھٹی کا دن — سہ پہر کا وقت۔ بعد از طعام مسلسل 'آدک جاوک' سے بچتے بچاتے آرام کے جو چند لمحات نصیب ہوئے تھے۔ انھیں غنیمت جان کر ہم مختلف اخباروں کے اتواروں کے 'سنڈے اڈیشنوں' کے مطالعے میں غرق فنا کے درجے تک پہنچے ہوئے رہتے کہ آپ ایک پُرشور دھماکے کے ساتھ داخل ہوئیں اور پُرزور نشانے کے ساتھ آرام کرسی پر یوں فٹ ہوگئیں کہ ہم کرسی کی عافیت اور ان کی واپسی دونوں کی طرف سے مایوس ہو گئے۔

ابھی ہم اپنے خطبہ استقبالیہ کے جلۂ افتتاحیہ کا افتتاح بھی نہ کر پائے تھے کہ ان کی آواز کا گولا چھوٹا۔

"اے ہے بڑا سناٹا ہے"۔

جی میں آیا کہہ دیں سناٹا کبھی تھا۔ اب کہاں، حیف اس چار گھڑی سناٹے کی

قسمت....“

”ہاں اس وقت گھر میں کوئی ہے جو نہیں“۔ بس اتنا سناٹا تھا کہ انھوں نے شہر کی اس آل انڈیا ڈراما ورک شاپ، (کہ جس کے پاس تا دم تحریر و تقریر نہ ڈرامے تھے، نہ ورک شاپ ——!) کے آرٹسٹ اِن ویٹنگ کی طرح ریہرسل شروع کردی۔

تعزیت کا موڈ طاری کرنے کی خاطر پہلے ایک آہ سرد اس شدت سے بھری کہ ہمیں اپنے بگڑے ہوئے چھت کے پنکھے کے ٹھیک ہو جانے کا شبہہ ہوا۔ پھر وہ رقت پیدا کی کہ کئی دنوں سے سوکھے نلوں میں پانی کی امید بندھ گئی۔

بعد اس زبان بے زبانی کے فرمایا۔

”ہاں اب گھر میں بچا ہی کون ہے .. اماں ختم ہو گئیں۔ پپو مر گیا۔ ابا گئے۔ ابرار چٹ پٹ ہو گئے۔ ہائے۔ ہائے ئے“

وہ ایک ایک کرکے پچھلے پندرہ بیس برسوں کی CASUALTIES یوں گنواتی گئیں جیسے یہ سب کی سب آج کی صبح سے آج کی شام تک کی واردات ہوں ——! ہم نے ان کی اس تاریخی اور واقعاتی غلطی کی اصلاح کی کوشش ناکام میں ایک کمزور سی آواز نکالنی چاہی مگر انھوں نے اس کا کوئی موقع نہیں دیا۔ کہ رنگ دنیا و دستورِ زمانہ کی طرح وہ بھی سوال اپنا جواب اپنا۔ بیان اپنا، پر عمل کرتی تھیں۔ لہٰذا نوے منٹ کے کیسٹ کی طرح بولتی چلی گئیں۔

”ارے۔ رے۔ اب دیکھنا تمھارا بھرا پُرا گھر کیسا بھائیں بھائیں کر رہا ہے۔ دیکھتے دیکھتے سب اللہ کو پیارے ہو گئے۔ میں نے کہا۔ لاؤ تمھیں سے مل لوں۔ زندگی کا کیا بھروسا۔ آج ہے کل نہیں۔ اب کیا خبر کتنے دن بعد آنا نصیب ہو۔ اور آئیں بھی تو خدا جانے تم ملو نہ ملو...... اے اور کیا ہزار بیماریاں تو تمھیں گھیرے رہتی ہیں“۔

اتنا کہہ کے وہ بھوں بھوں رونے کی تیاریوں میں جٹ گئیں ... . اب واقعی

موت کا کچھ کچھ خوف ہم پر طاری ہونے لگا۔ اور خواہ مخواہ کچھ اس قسم کے بے موقع شعر یاد آنے لگے۔

نہ یہ چہلیں نہ یہ دھومیں نہ یہ چرچے بہم ہوں گے
میاں اک دن وہ آئے گا نہ تم ہوگے نہ ہم ہوں گے

اس خوف و ہراس پہ قابو پانے کے لیے ہم نے چائے کا سہارا لیا۔ کیونکہ چائے کے سلسلے میں ہمارا اپنا نظریہ کچھ چائے بیچنے والی کمپنیوں کے فلسفے سے مختلف نہ تھا۔! جتنی دیر ہم چائے بناتے رہے وہ اپنی کرسی مخصوص پہ بیٹھے بیٹھے قضا و قدر کے مسائل سے ہمیں روشناس کرواتی رہیں اور چائے کے ساتھ "وائے" کے رنگارنگ اقسام، وافر مقدار میں دیکھ کر زندگی ہی میں خیرات و زکات اور داد دہش کی برکات پر روشنی ڈالتی رہیں۔

"اے ہاں بس یہی زندگی ہے۔ خود بھی کھاؤ پیو۔ دوسروں کو بھی خوب کھلاؤ پلاؤ.......... اے یہ گلاب جامنیں تو بڑے مزے کی ہیں۔ ذرا دو تین اور ڈالنا میری پلیٹ میں۔ اور نمک پارے بھی..... اے بی۔ میں کہتی ہوں دنیا میں یہی باتیں تو رہ جاتی ہیں۔ انسان چلا جاتا ہے... اور تمھیں جوڑ کے رکھنا کس کے لیے ہے۔ نہ کوئی آگے۔ نہ پیچھے۔ اکیلی جان۔ کوئی دم کی مہمان۔ ابھی پچھلے دنوں وہ اپنے کوٹ صاحب ختم ہو گئے۔ اللہ بخشے اس قدر کنجوس تھے کہ ایک پیالی چائے کیا پیاسے کو ایک گلاس پانی نہ پلائیں... اب اولاد اُڑا رہی ہے سارا پیسا۔

اور تمھارے پاس تو اُڑانے کے لیے اولاد بھی نہیں۔ اسی لیے جیتے جی پائی پائی خرچ کر جاؤ۔"

پانچ چھے گلاب جامن اور اتنے ہی سموسے اور کیلے اور نمک پارے چکھنے اور تین چار پیالی چائے سے منہ صاف کرنے کے بعد ان کا دل صوفی اور سادھو سنتوں کی طرح کھانے پینے سے اٹھ گیا اور نروان اور گیان دھیان میں اٹک گیا۔

پھر میری شامت بہ اندازِ دگر آئی۔

"اے وہ تمھارے مکان کا قرضہ ادا ہوگیا—؟"

"ابھی کہاں—!"

"اے ہاں جب ہی تو میں کہوں یہ اتنے پرانے پردے تم نے کیسے ڈال رکھے ہیں .... اے بیچ کیوں نہیں دیتیں... بڑی تنگی ہوتی ہوگی۔"

"نہیں کوئی ایسی خاص تو نہیں۔ بس ذرا جوڑ توڑ کرنا پڑتا ہے۔"

"اے یہی جوڑ توڑ کی فکر تو ہزار بلاؤں کی ایک بلا ہے۔"

انھوں نے بہ ہزار دِقت پہلو بدل کے اور الائچیوں کا پھنکا مار کے فرمایا:

" وہ فریدہ کے باپ کا اسی میں تو انتقال ہوا تھا۔ تم بھی تو تھیں میت میں۔ بس فکروں کے مارے دماغ کی ایک رگ پھٹ گئی۔ مکان کے پیچھے جان گئی۔ خاک پڑے ایسے مکان پہ—"

اور ہمیں لگا کہ ان کے رخصت ہوتے اگر ہم نے اونے پونے مکان نہ بیچ دیا تو ہماری بھی جان گئی۔ پھر انھوں نے اسی STATEMENT کو قرب و جوار کی دو چار مثالوں اور مضبوط اور وزن دار بنایا اور ہر مرحوم کی تعزیت کچھ اس شدّت سے کی کہ ہمیں اپنی اور مرنے والوں کی ذات میں ایک تعلق سا محسوس ہونے لگا۔ جیسے ہمارا سلسلۂ موت عنقریب ان سب سے جاکر ملنے والا ہو۔!

وہ بہرین ہمیر یج سے چل کر براہ راست ہارٹ فلیور تک پہنچ گئیں۔ شاید ان کا خیال تھا کہ بلڈ پریشر اور اسی قسم کے غیر اہم دیگر امراض کا ہم پر خاطر خواہ اثر نہیں ہو رہا ہے۔!

"اے ہے کیا زمانہ آ لگا ہے۔ آدمی بول بتا کے امن چین سے مر بھی نہیں سکتا۔ دیکھو نا۔ اپنے مرزا صاحب سوتے کے سوتے رہ گئے۔ انسان کے دل میں ہزار باتیں کہنے سننے کی ہوتی ہیں۔ اور بھی پھر روپیا پیسا، مکان، جایداد سب کا حساب کتاب ادھورا کا ادھورا رہ جاتا ہے۔"

پھر وہ از راہِ کرم مجھ ناچیز کی طرف متوجہ ہوئیں۔

"اور تمھاری یاد داشت تو ماشاء اللہ ہے۔ ہر بات تو بھول جاتی ہو، لوگوں کو بڑی مشکل ہو جائے گی بعد میں"!

اور ہم بعد مرنے پیش آنے والی مشکلات کے خیال سے پریشان ہو گئے!

"خیر لینے دینے کی بات چھوڑو۔ ایسی کون سی بڑی جایداد ہے تمھارے پاس...... ہاں ایک ناول ضرور چھپوا لو اپنا۔"

انھوں نے لوہا گرم دیکھ کر بھرپور وار کیا۔ گو ہماری ذات سے پوری ہمدردی کے باوجود ادبی صلاحیتوں سے اس درجے بے خبر تھیں کہ یہ تک نہیں جانتی تھیں کہ ہم کیا لکھتے ہیں اور کیا نہیں، ہائے ـــــ وائے۔ لیکن خیر اس اکیسویں صدی کی دہلیز پر یہی غنیمت ہے۔

یکایک محبت کی بارش کے مزید کچھ چھینٹے ان کے دل پر پڑ گئے۔

"دیکھو مجھ سے زیادہ اور کوئی تمھارا ہمدرد نہیں۔ میں نے بہت دنیا دیکھی ہے۔ سامنے چھپے گا تو جیسا چاہو گی چھپوا لوگی اور جیسے چاہو گی تبصرے لکھوا لوگی۔ منہ دیکھے کی مروت بہت ہوتی ہے۔ بعد میں سب ختم ـــــ"

پھر اب تک کی سب سے طویل سانس جو کسی طرح بھی DELHI BOMBAY DIRECT FLIGHTS سے کم نہ ہوگی لے کر اور ایک ایک آنکھ سے آدھا آدھا آنسو ٹپکا کر بولیں۔

"وہ سکینہ بنجم کا انجام نہیں دیکھا تم نے۔ ڈھنگ کا ایک تعزیتی جلسہ تک نہ ہوا ـــــ"

اب ان کی تعزیت واقعی ہمیں ہارٹ فلیور کی حدوں تک پہنچا چکی تھی۔ سکینہ بنجم تو پانچ کتابوں کی مصنفہ تھی۔ اس کا یہ عبرتناک انجام۔ اور یہاں دو سے تیسری کے بھی لالے پڑے ہیں۔ کر۔ لکھنے چھپنے اور کھونے، ہر تین میں ہر وقت زبردست سہ رخی مقابلہ ہوتا رہتا ہے۔ لہذا یقین کے ساتھ کچھ کہا

نہیں جا سکتا کہ بعد مرنے کے ہمارے گھر میں کیا نکلے گا اور کہاں کہاں سے نکلے گا۔ اور اتفاقاتِ زمانہ کی کیسی کیسی تصویر د تفسیر بن کے نکلے گا۔۔۔ گم نامی کی موت کے خیال سے ہماری وحشت عروج پر پہنچ چکی تھی۔ لہٰذا ہم سب کچھ بھول بھال اپنے تعزیتی جلسے کا شاندار پلان بنانے لگے۔ جس کی چھوٹی سے چھوٹی تفصیل وہ بتاتی جاتی تھیں۔

" دیکھو۔ دو چار اچھے مضامین لکھوا رکھو اور ایک اچھی خوبصورت فُل سائز تصویر کھنچوا لو۔ اور ہاں خاصی بڑی رقم اس جلسے کے لیے چھوڑ جانا۔ باقی انتظامات میں سنبھال لوں گی۔"

"خیر روپے کی تم فکر نہ کرو۔" میں نے انھیں یقین دلایا۔

"مگر تصویر ہماری خوبصورت کیسے آئے گی۔"

" اجی وہ بھی تم مجھ پر چھوڑ دو۔ بھلا مرنے کے بعد کوئی کسی کو بدصورت کہتا ہے۔ اور پھر زیادہ پیسے دے کر خوب RE-TOUCHING کروالیں گے۔"

اب ہمیں ان کی تعزیت سے بڑی مسرت اور تقویت حاصل ہو رہی تھی۔ اور ہم چاہتے تھے کہ اس سلسلے میں وہ اور ایسے ہی نادر مشوروں سے نوازیں۔ مگر پتا نہیں کیسے انھیں بیگ صاحب مرحوم کی یاد آگئی۔

" اے لو۔ خاک پڑے میری عقل پر۔ گھر سے نکلی تھی بیگ صاحب کی بیوہ کی تعزیت کو اور گپیں ہانکنے لگی تم سے۔ چلو خیر اچھا ہوا۔ جانے تم سے پھر کبھی اتنی سب باتیں کہنے سننے کا موقع ملتا نہ ملتا۔ اور کیا۔

آدمی بلبلا ہے پانی کا ۔

ویسے تم یہ نہ سمجھنا کہ مجھے تمھارے مرنے کا غم نہ ہوگا۔ ہوگا اور بہت ہوگا۔ یہی یقین دلانے کے لیے ہی تو آگئی تھی۔"

بھولے بھلائے وعدے

کیا حضرت غالب۔ کیا میرؔ کیا وزیر۔ کیا فرزیں کیا پیادہ۔ سب جانتے ہیں کہ وعدہ کرنا اور کر کے بھولنا اور بھول کے توڑنا پیدائشی حق ہے (گو کہ خود پیدائش کا حق چھینا جاچکا ہے ــــ!)

اور پیدائش کیوں۔ یہ ریت تو روزِ ازل سے چلی آرہی ہے۔ اگر مادام اینڈ موسیو حوّا و آدم دانۂ گندم نوش نہ فرمانے کا پکّا وعدہ کر کے بھلا نہ دیتے تو یہ عالمِ رنگا رنگ ہی وجود میں نہ آتا۔ مگر کمال ہے اس زمانے میں خدا بھی بڑا فیّاض ہوا کرتا تھا۔ ایک دانے پہ دنیا بخش دی۔ آج تو یار لوگ ٹنوں اور منوں کے وارے نیارے کر رہے ہیں اور خدا کوئی نوٹس نہیں لیتا۔

خیر ہمیں کیا۔ اپنے افعال کا خدا خود ذمّہ دار ہے۔!

عرض ہماری صرف اتنی ہے کہ وہ خالق ہو یا مخلوق وعدوں کے بغیر ایک پل بھی جینا محال ہے۔ جدھر دیکھیے۔ (اور نہ دیکھیں تب بھی۔) وعدے ہی وعدے۔ (ہواؤں میں میزائل اور اڑن تشتری کی طرح وعدے اڑ رہے ہیں۔)

فضاؤں میں آنسو گیس کی طرح پھیل رہے ہیں۔

کھیتوں میں وعدے کی فصل لہلہاتی ہے۔

دریاؤں میں ہر تقریر کے ساتھ وعدوں کی باڑھ آجاتی ہے۔ اور پانی سوکھتا

جاتا ہے۔ یہاں وعدوں کے کارخانے بھی چلتے ہیں۔ وعدوں کے ٹھیکدار بھی ہیں اور وعدوں کے دکاندار بھی ــــ!

سول سیل میں بھی وعدے کیے جاتے ہیں اور پھٹکر بھی ـــ!

اور ان وعدوں کے معیار و مقدار سے ہی اہل ایمان کے مرتبے اور اس کی حیثیت اور اہمیت کا اندازہ لگایا جاتا ہے۔ ظاہر ہے۔ بڑے لوگوں کی باتیں بھی بڑی۔ اور شاہین صفت اونچی اڑان والوں کے وعدے بھی زمین آسمان کی بات کریں گے ــ!

ایک صاحب اپنے عقیدت مندوں اور ضرورت مندوں کے بجوا بیکراں میں گھرے تھے۔ اور ہر دوسرے منٹ ہاتھ جوڑ جوڑ کے بڑی مسکینیت مگر اتنے ہی اعتماد کے ساتھ یہ نعرے لگاتے جاتے تھے۔

"جی ہاں ضرور"ــ

یقیناً۔

اوشیہ۔

بالکل۔ بالکل۔

ہو جائے گا صاحب۔ اطمینان رکھیے۔

اتنے میں ایک طرف سے فریاد بلند ہوئی۔ "حجور ہمارے کھیتوں میں گھٹنے گھٹنے پانی بھرا ہے بھسل سب سڑ جائے گی۔ آٹھ دس دن سے سورج نہیں نکلا ــ"

انھوں نے اسی اعتماد اور اطمینان سے جواب دیا۔ "نکل جائے گا"

ان کا ایک باہوش مصاحب خبردار کرنے والے انداز میں کھنکھارا ــ انھوں نے اس وارننگ کا کوئی نوٹس نہیں لیا۔ فریادی سے بولے۔

"جاؤ میاں فصلیں نہیں سڑیں گی۔ ہم وعدہ جو کر رہے ہیں"

مصاحب سے نہ رہا گیا۔ کان کے قریب منہ لے جا کر بولا۔ "یہ سورج کی

بات کررہا ہے۔"

"ہاں۔ہاں۔ تو ہم کون چاند کا وعدہ کر رہے ہیں۔ ہم نے بھی تو سورج ہی کی بات کی ہے ۔! اورمیاں یہ تو وعدہ ہے۔ چاہے زمین کا کرلیجیے چاہے آسمان کا ۔"

اور صاحب۔ اب یہ ایسے بھی اوروں کی جان کے دشمن نہیں کہ وعدے نبھا نبھا کے شادی مرگ کی وبا پھیلادیں۔ ویسے بھی وعدہ نبھانے والے کو کون پوچھتا ہے آج کا دور وعدے کو بھولنے والے کا ہے۔ دور بھی اور دورہ بھی۔ اور یہ رسم فرسودہ رنگ دگر کا تقاضا کرتی ہے۔ چیز پرانی بوتل نئی ۔ سارا کمال پیکنگ کا ہے۔ آپ بھی اپنی تمام فنکارانہ صلاحیتوں سے کام لیتے ہوئے وعدوں کو بھولنے کے نت نئے نسخے آزمایئے۔ ایک دم نئے ماڈل کے۔ نئی ٹیکنالوجی والے ۔اکسویں بلکہ بائیسویں صدی والے ۔!

وعدے بھلانے کے لیے خود کو انتہائی غائب دماغ ثابت کیجیے۔ چاہے اس کے لیے آپ کو کتنی ہی تکلیفیں کیوں نہ اٹھانی پڑیں۔ کوشش کرکرکے اپنے پرایوں کو یقین دلادیجیے کہ آپ اس درجہ ABSENT MINDED ہو چکے ہیں کہ اگر مناسب مواقع فراہم ہو جائیں تو آپ بھی بستر پہ اپنی چھڑی رکھ کر خود کونے میں کھڑے ہو سکتے ہیں۔

پھر بے خوف و خطر جس قسم کا چاہے وعدہ کریں اور ڈنکے کی چوٹ بھول جائیں۔

سنیچر کو میٹنی شو کا وعدہ ہم نے اپنی عزیز از جان دوست سے کر رکھا تھا مگر موسم کا کیف اور خمار گندم کسی صورت سے بستر چھوڑنے پہ آمادہ نہیں کر پارہا تھا۔ بار بار نیند سے بند ہوتی آنکھیں کھولنے کی کوشش کرتے (ویسے آنکھیں بند رکھنا ہی عقل مندی ہے۔!) پھر شکست تسلیم کرتے تین تال میں ایک آدھ خرّاٹا لے لیتے۔

پھر پکچر کے متعلق افواہیں۔ رنگیں اور قدِ آدم اشتہارات کے باوجود

ہماری غیرت و حمیت کو للکارنے میں سازگار ثابت نہیں ہو پا رہی تھیں۔

اتوار کی ٹی۔وی فلم کی طرف سے عملے کی نالائقی اور بجلی اور سٹ کی خرابی کے اندیشوں کے باوجود کچھ نہ کچھ آس تھی۔

اور سہیلی صاحبہ کی اقتصادی پالیسی کے بعض روشن پہلوؤں سے بھی ہم خائف تھے کہ کہیں حسب سابقہ مہمانی میزبانی میں نہ بدل جائے۔

اب ایسا صبر آزما دعدہ نبھانا عقل مندی نہیں، عقل بندی ہے۔

ہم نے سکڑے پیر پوری چادر تک بلکہ چادر سے باہر بھی پھیلا لیے۔ کمر تک پڑے لحاف کو کھینچ سر تک لے آئے اور خراٹوں کے مدھم سُروں کو پوپ میوزک میں بدل لیا۔ پونے تین بجے تک سہیلی صاحبہ ہمارے وعدے پہ اعتبار کر کے رنگ برنگی ڈسکو قیامتوں کا انتظار کرتی رہیں۔ اس کے بعد ان کے صبر کا مگ اور جگ چھلک بلکہ لڑھک پڑا۔ چونکہ ہم دونوں کو مالک دوجہاں اور حاکمان یک شہر نے ٹیلیفون عطا کر رکھا تھا۔ اور محکمہ ڈاک تار کی ان گنت برکتوں اور کوششوں کے باوجود وہ کام بھی کر رہا تھا۔ لہٰذا تڑپ کے انھوں نے ہمارا نمبر ملایا۔ پہلی چار چھے گھنٹیاں ہم نے واقعی نہیں سنیں۔ بلکہ وہ موسیقی کی ترم لے ثابت ہوئی اور ہم اور گہری نیند میں ڈوب گئے۔

اِدھر وہ وعدے کی ستائی مسلسل رِنگ کیے گئیں۔ مزید چند منٹ ہم نے تجاہل میں بخیر و خوبی گزار دیے۔ اس پر بھی ان کا حوصلہ نہ ٹوٹا تو ٹیلیفون کا چونگا اٹھا کے دھیرے سے 'ہلو' کہا۔

اُدھر سے ایک نوکیلا خنجر کان کے پار ہوا۔

"پونے تین بج گئے اور تم ابھی تک نہیں آئیں۔"

مدتوں کا خمار آواز میں رچا بسا کے پوچھا "کہاں؟"

"ارے بھئی پکچر کے لیے میرے یہاں۔"

"پکچر — ؟ آج — ؟" اس بات کا خاص خیال رکھا کہ خمار کا ایک تار بھی ٹوٹنے نہ پائے۔

"اور نہیں تو کیا اگلے جنم میں؟"

اب خمار میں تھوڑی سی مٹھاس بھی گھول لی۔ "مگر پکچر تو کل چلنا ہے"

"کل نہیں بیگم صاحبہ۔ آج۔ اسی شو میں۔" اُدھر خنجر کی دھار اور تیز ہو چکی تھی۔

"آج تو جمعہ ہے"۔ کچھ تجاہل کا اضافہ ہم نے کیا۔

"آپ رہتی کس دنیا بلکہ کس صدی میں ہیں۔ آج جمعہ نہیں سنیچر ہے"۔

"سنیچر — ؟ اے لو۔ میں نے تو نہا دھو کے نماز بھی پڑھ ڈالی۔ ایک مخصوص روحانی تقدس، آواز میں پیدا کیا۔ اور سر پہ دو پٹا بھی ڈال لیا۔

"بھئی حد ہے —"

"نہیں سچ بتاؤ — اچھا ٹھہرو۔ میں ذرا نیچے رحمت بوا سے پوچھ لوں۔ وہ پکی نمازی ہیں۔ ان کے یہاں جمعہ صبح سے ہی آجاتا ہے۔ ذرا ایک منٹ ہولڈان کرنا تم۔

اور اس سے پہلے کہ وہ گالیوں اور کوسنوں کے گولے اور بم چلاتیں۔ ہم نے ریسور نیچے رکھ دیا۔ جب وہ اپنی طرف کا ریسور پکڑے پکڑے قریب المرگ ہوگئیں انتہائی معصومیت سے کہا۔

"اے ہاں بہن سنیچر ہی ہے۔ توبہ توبہ کیا ہو گیا مجھے۔ نماز بھی بیکار گئی۔"

"چولھے میں جائے تمھاری نماز"۔

"وہ تو خیر چلی ہی گئی۔ مگر تم پریشان نہ ہو۔ میں بس پندرہ منٹ میں تیار ہو کر آتی ہوں"

"پھر تو مل چکی پکچر"۔ وہ جل کے کہتی ہیں۔

ظاہر ہے اس گفت و شنید میں اور ہمارے میٹنی شو کرنے میں۔

اصل شو کا وقت تقریباً ختم ہو چکا تھا۔ مگر ان پر اس کا کوئی اثر نہ ہو رہا تھا۔ اور نہ ہمارا کوئی وعدہ فردا انھیں پکچر سے بعض رکھنے میں کام آرہا تھا۔ تو ہم نے طے کیا کہ کم سے کم اپنے معاشی حالات تو سنوارے جاسکتے ہیں —

"اچھا تو تم جلدی سے پکچر ہاؤس پہنچ کے ٹکٹ لے رکھو۔ میں سیدھی وہیں آرہی ہوں"!

سو۔ حضرات خواتین ہمارے ان تجربات سے آپ بھی فیض حاصل کیجیے۔ دو چار مسئلوں کے حل یعنی گیس پیپر ہم آپ کو اور بتائے دیتے ہیں مسئلے نئے نہیں۔ چٹکلے نئے ہیں۔ دادی اماں کے گھریلو نسخوں کی طرح —

کسی نے آپ سے کوئی رقم ادھار مانگی (کہ جو اکثر مانگی جاتی ہے) لینے والے کے زاویۂ نگاہ سے پیسا ہاتھ کا میل ہوتا ہے۔ اور وہ اپنے ہاتھ ہمیشہ صاحب ستھرے رکھنا پسند کرتا ہے۔ تو اِدھر اُدھر کی امداد غیبی و باہمی کا سہارا تو اسے لینا ہی پڑے گا۔ وہ آپ سے بھی رجوع کرے گا۔ فوراً فراہمی کا وعدہ کر کے اس کے دل کو مسرت اور اپنے دل کو برتری کی دولت سے مالا مال کر دیجیے مگر ساتھ ہی ذرا سنیئر کلاس ون انداز میں یہ بھی بتلا دیجیے کہ مطلوبہ رقم بینک سے نکلوا کے ہی ان کے حوالے کی جاسکتی ہے۔ بینک کے واسطے سے فریقِ ثانی پر خاصے رعب داب کی توقع ہے۔ اگر اس رعب میں مزید اضافہ کرنا چاہیں تو ایک کے بجائے دو چار بینکوں کے نام لے لیجیے۔ واضح ہو کہ اظہار شان و شوکت اور رعب رعونت وعدے کو بھلانے میں بے حد ساز گار ہوتے ہیں۔

دوسرے دن جب حاجت مند درِ دولت پر حاضر ہیں تو انتہائی رنج و غم کے ساتھ اطلاع دیجیے کہ کام کی زیادتی کی بنا کر بینک جانا ممکن نہ ہوا۔

"کل سہی"

اگر وہ کم عقل یا دودھ کا جلا نقد کے بجائے چیک کا مطالبہ کرے تو بڑی بے پرواہی اور لاپرواہی سے جواب دیجیے۔

"بھی یاد نہیں کس بینک میں کتنی رقم ہے۔ چیک سے کام نہیں چل سکتا۔ خود ہی جانا پڑے گا۔

دوسرے دن آپ اصل بینک میں اصل چیک بک لے جانا بھول جائیں گے اور تیسرے دن سارے اکاونٹ نمبر۔

ظاہر ہے اس بھول بھلیاں سے کوئی سخت جان زندہ سلامت گزر ہی نہیں سکتا۔ ہو گئی نہ آپ کی نجات ــــــ!

جیسا کہ پہلے عرض کیا جا چکا ہے۔ وعدہ کرنے والے کے مرتبے کا اندازہ ان کے دربار اور اہلِ دربار کی تعداد اور رنگا رنگی سے کیا جاتا ہے۔ جس کی سرکار میں ہر شعبہ اور ہر درجے کے لوگ حاضر وہ یقیناً اہم۔

کسی کو محکمۂ تعلیمات میں تبادلہ چاہیے۔ کسی کو ہیلتھ میں۔ کہیں انجینئرس کی لائن لگی ہے۔ کہیں ڈاکٹر کی۔ کوئی پروموشن مانگ رہا ہے۔ کوئی افسرِ اعلا سے بھینٹ کرنا چاہتا ہے۔ کوئی خود افسرِ اعلا کی قریب ترین کرسی پر دو چار دس کو گرا دھمکا کر پہنچنا چاہتا ہے۔

اگر آپ ان حالات و حضرات و افراد میں گھِر کر مرکزی حیثیت اختیار کر چکے ہیں۔ مگر ایسا مرکز جس کا خود اپنا کوئی کھونٹا ہو نہ دائرہ۔ اور حقیقت میں اتنے بے اختیار ہوں کہ چپراسی تک سلام کا روادار نہ ہو۔ تب بھی ان حاجت مندوں کو انکار سے مزید مایوس نہ کیجیے۔ نہ انھیں حقیقت حال کی ہوا لگنے دیجیے۔ بلکہ ہر ایک سے اس کا کام کروانے کا وعدہ کرتے جائیے۔ اور کچھ نذر نذرانے کی طرف ان کی نظریں پھیرنے کی کوشش کیجیے۔ پھر در پہ بے دولت پہ مستقل حاضری دینے والوں کو مختلف امورِ خانہ داری کی

ذمہ داری سونپ دیجیے۔ اور فرداً فرداً ہر ایک کو یقین دلاتے رہیے کہ صرف اُسی کے کام کی امید ہے۔ باقی تو یونہی ڈنڈے ہیں۔

تب آپ دیکھیں گے کہ آپ کے در پہ دو تین اسکوٹر صبح سے شام تک کھڑے رہتے ہیں۔ (گاڑی والے اس سے اونچی چھلانگ لگاتے ہیں۔!) آپ کی بجلی ٹیلی فون سب ٹھیک ٹھاک۔ ٹی وی۔ فرج۔ IN ORDER باغ لہلہاتا۔ گھر ستھرا اور بیوی بچے نکھرے اور آپ خوشی سے پھولے۔

دیکھیے وعدوں کے سہارے کیسی کیسی خدمتیں اور جنتیں آپ کے نصیب میں لکھ گئیں (بقلم خود)

بھولی جنتا کو اور بہلایئے اور خود سب کچھ بھول جایئے۔

کہ یہی رسمِ دنیا ــــ موقع بھی اسی کا۔ دستور بھی اسی کا۔ (دستورِ مملکت کی طرح۔!) ــــ

بستر گول

حسرت ہی رہ گئی کہ ہمارا کوئی فیصلہ بھولے بھٹکے ہی صحیح ثابت ہو جائے۔ دوراہے پہ کھڑے ہیں۔ دائیں مڑیں تو خبر ملتی ہے (مڑنے کے بعد۔!) کہ بائیں مڑنا چاہیے تھا۔ اور جو بائیں مڑتے تو یقین ہے وہ راہ بھی غلط ہوتی۔ زندگی سرتاپا "رانگ نمبر" بن کے رہ گئی ہے۔ اب تو سوچا ہے کوئی کام ہی نہ کریں۔ جب کام ہی نہ ہوگا تو رائٹ رانگ کا جھگڑا ختم۔
سرکاری دفتروں، انجمنوں اداروں اور اکادمیوں کی یہی تو پالیسی ہے!
خیر امورِ داخلہ اور حالاتِ حاضرہ سے تنگ آ کر ہم نے حرکت کا ارادہ کیا کہ حرکت میں برکت۔ حالاں کہ نصف صدی کے تجربات کے بعد دیگر رموز کی طرح یہ راز بھی ہم پر منکشف ہو چکا تھا کہ ۹۰٪ خوبصورت الفاظ (مع معنی!) ہمارے لیے تخلیق نہیں کیے گئے۔ کہ حق اور حقدار کے تعلقات کا زاویۂ نظر یہ سب بدل چکا ہے۔ چلیے حرکت نہ سہی۔ سفر کر لیجیے۔ کہ اردو کے ساتھ انگریزی کا SUFFER مل ملا کے ہر جگہ اپنا حساب برابر کر لیتا ہے۔ (لسانی یک جہتی کا نادر نمونہ۔!) تو ارادے بلند اور نیک۔ یعنی جرمنی، فرانس، اٹلی۔ ناروے وغیرہ وغیرہ ــــ اور وغیرہ کے تھے۔ مگر لڑھکتے لڑھکاتے اٹکے آ کر کلو منالی پہ ــــ

وہ لطیفہ تو سب کو ازبر ہے ہی کہ تپنچہ چاہیے تو توپ مانگو۔ ٹارگٹ ہمارا بھی توپ ہی۔ مگر امکانات تپنچے سے زیادہ کے نہ تھے۔ سواب ہم ان 'بی تپنچہ جان' کو پوری طاقت سے پکڑے رہنے کے چکّر میں تھے۔ لیکن بی جان کا ہاتھ لگنا مشکل معلوم ہو رہا تھا۔ کہ شعرا کچھ اس قسم کے الہامی اور EVER GREEN اشعار بھی تخلیق کر گئے ہیں. کہ۔

"کچھ خیال آیا تھا وحشت کا کہ صحرا جل گیا۔"

خیر سہرے وہرے کی بات چھوڑیے۔ دولھے کے منہ پر ہی نظر آجائے تو غنیمت کہ سیکڑوں ایرے غیرے سراس کے لیے حاضر رہتے ہیں۔!

اور جب جنگل میں آگ لگی ہو۔ شہر جل رہے ہوں دھڑا دھڑ۔ وہاں صحرا کو کون پوچھے۔

میرٹھ میں گولیاں سنسنا رہی ہیں۔ پرانی دلّی مرنے والوں کی آہوں سے گونج رہی ہے پنجاب کی واردات تو روز کا معمول ہیں۔

اور ایسے میں ہم چلے ہیں انھیں گولیوں کے رخ پہ سینہ سپر کیے۔

ہر شخص نت نئے مشورے نوک زبان پہ رکھے اور طرح طرح کے تازہ ترین اخبار بغل میں دبائے چلا آرہا ہے۔

"دیکھو۔ اس میں کیا لکھا ہے ـــــ شملہ میں برفباری ـــــ"

میرٹھ میں چاند ماری۔

پنجاب میں دہشت پسند۔

دلّی میں وحشت پسند

"بھئی خودکشی ہی کرنی ہے تو اپنے چھوٹے بڑے تالاب کیا بُرے ہیں۔ چلو بھیگی بھاگی۔ بھولی بھالی لاش پسند نہیں تو وہ آپ کا فلک نما ہوا محل کس گھڑی کام آئے گا۔ فلیٹ خریدتے وقت آٹھویں منزل کے لا تعداد

فوائد گنواتے ہوئے آپ نے بھی یہ فرمایا تھا کہ خود کشی کے لیے اِدھر اُدھر بھٹکنا نہیں پڑے گا دیارِ غیر کا احسان اٹھانے سے بچ جائیں گی۔ اور پھر SURE SHOT تو اس سے استفادہ کیجیے۔ آٹھ برس ہو گئے۔ ایک تجربہ بھی نہیں کیا۔ اب وقتِ امتحان ہے تو بزدلوں کی طرح بھاگ رہی ہیں کلو منالی کی اور۔

شہر کے شہر کا معاملہ ہے۔ بلکہ گھر سے گھر لگا سمجھو۔ دور سے لاش واش لانے کی زحمت سے بھی ہم لوگ بچ جائیں گے۔

کسی نے کہا۔۔۔

"بھئی سب سے کہا سُنا معاف کروالو۔ یاد کر کے لیے دے کا حساب چکادو۔"

غرض یہ کہ ہزار زبان تو دس ہزار باتیں۔

اور زبان بھی۔۔۔ زبانِ غیر اور پرائی آرزو۔۔۔!!

ہمارے ارادے بھی ڈگمگانے لگے۔ سینڈل کی ایڑی بھی غلطی سے ذرا اونچی آگئی تھی۔ کچھ اِدھر اُدھر کے اشاروں کا انتظار کرنے لگے۔ دیسی بدیسی ہاتھوں کی تلاش ہوئی مگر سب بیکار۔

ایسے موقعوں پر معصوم بچے بہت کام آتے ہیں۔ ٹی وی کے طفیل یہ قسم یعنی معصوم بچے، اب ناپید ہوتی جا رہی ہے۔ مگر خیر کچھ تھوڑی بہت معصومیت تو ہر کسی میں کبھی نہ کبھی مل ہی جاتی ہے۔

سات سالہ جینو بیگم کو بصد اصرار بلایا۔ اور غیر معمولی عزت و تکریم کے ساتھ بٹھایا ا فروٹی اور ڈبل ڈیکر، سے خاطر مدارت کی۔ انھوں نے مزید بھاو بتائے۔ اور تاو دکھائے۔ وہ بھی سہے۔ ان سے کہا کہ ہمارا مرنا جینا تمھارے ہاتھ۔ جو فیصلہ سنا دُ سر آنکھوں۔

فلموں کے سہارے ان کی جنرل نالج قابلِ تعریف ہو چکی تھی۔ فرمایا "خالائی (خالہ کا ماڈرن تلفظ) ٹاس کر لیتے ہیں۔ ہیڈ جانا ٹیل رکنا۔"

ہم نے ہر شریف کھدر پوش کی طرح ہاتھ جوڑ کے سر جھکا دیا۔ کہ حکم سرکار کا۔

فلم 'شعلے'، اس نے دیکھا اور سنا تو اتنی بار تھا کہ ایک ایک ڈائیلاگ ازبر ہو چکا تھا مگر اس غریب کو کیا پتا تھا کہ گھاسی رام کو توال کی طرح کبھی کسی مقدمے کا فیصلہ اسے بھی کرنا ہوگا۔ ورنہ وہ دونوں طرف ہیڈ والے سکے کا انتظام بھی کر لیتی بے خبری میں ماری گئی ورنہ آج کا ہر سکہّ خاص و رائج الوقت ایسا ہی ہے!! (ویسے اسے چیف جسٹس کا رول ادا کرتے دیکھ کر یقین ہوگیا کہ انصاف ابھی محفوظ ہے۔ مگر ایسے ہی ہاتھوں میں۔!)

پہلی مرتبہ ہیڈ آیا۔ اس نے قومی روایت کے مطابق دھاندلی پہ کمر باندھی "تین بار کا رزلٹ دیکھیں گے خالائی"

اور جب دوسری بار بھی نتیجہ، گزشتہ سے پیوستہ نکلا تو وہ مزید بے ایمانی کی ہمت نہ کرسکی۔ بچّی۔ عقل کی کچّی جو تھی۔

ادھر سے مایوس ہو کر موسمیات کا سہارا لینے کی کوشش کی۔ مگر وہ ہمیشہ کی طرح کمزور ثابت ہوا۔ بادل گھر آئے تھے۔ ہوائیں چل رہی تھیں۔ اور برکھا بہار کی آمد کے شادیانے بج رہے تھے۔ ہم نے اس پہ داؤ لگایا۔ بارش ہو جائے تو سفر ملتوی۔

اب جو فلکِ ناہنجار کی طرف دیکھتے ہیں تو سناٹا۔ ہواؤں نے رخ بدل لیا اور بادل اس تیزی سے ہٹ گئے جیسے کرفیو کی خبر سے فٹ پاتھ پر کی دکانیں۔

کسی سٹنٹ پکچر کا کلائیمیکس ـــــ ہر طرف سے ناامید ہیروین کسی کُتے، بلّی، گھوڑے، گدھے کے آگے سر جھکائے گا رہی ہے اور رو رہی ہے۔ ایک لے دو شرـــ ہم نے ریل گاڑی کے آگے گڑ گڑایا۔ یعنی اگر ٹرین لیٹ تو ہم گول اور ہمارا گول بستر فلیٹ۔ جب دکشن ایکسپریس کی رائٹ ٹائم آنے کی بشارت ملی تو باعزت طریقے پہ شکشت قبول کر اس معجزے سے مستفید ہونے کی خاطر ہم نے آٹو رکشا میں سامان پھینکا اور خدا کی امان کی چادر تھام لی نظام الدین ـــ نئی دِلیّ ـــــ کشمیری گیٹ۔

شور غل۔ گہما گہمی۔ چھلکوں کے ڈھیر ابلتی نالیاں۔ بلا ضرورت بہتا گندا پانی۔ اڑتی دھول کے مرغولے۔۔سب کچھ روز جیسا تھا۔ جانا پہچانا۔ مانوس مانوس۔ ہم نے سکون کی سانس لی۔ کہیں بھی بھیانک خبروں کی جھلک نہ تھی۔

نہ گولی نہ برچھی۔ نہ بلم نہ بھالے۔ نہ آگ نہ دھواں۔ نہ زخمی نہ مردہ۔ لگتا تھا شہر کے ایک حصّے کا دوسرے سے تعلق ہی نہیں۔ کیا ضرورت ہے۔ خدا کی مملکت میں بھی تو جنّت اور جہنّم ایک ساتھ پہلو بہ پہلو بسے ہیں۔ اور بڑی حسن و خوبی سے دونوں کے کاروبار چل رہے ہیں۔

دہلی سے منڈی (کہ جو ہمارا پہلا پڑاو تھا) تک کا سفر ایسے ہی ہوا جیسا کہ بس کا سفر ہوا کرتا ہے۔ کبھی اونگھنا۔ کبھی سونا۔ کبھی آگے لڑھکنا کبھی پیچھے کبھی دائیں بازو جھک جانا کبھی بائیں بازو کا سہارا لینا۔ سو ہم بھی یہی سب کرتب دیکھتے دکھاتے منڈی پہنچے۔

مشرق و مغرب دائیں بائیں۔ چاروں طرف سرسبز سربلند پہاڑوں کا سلسلہ نظر نہ اس پار جا سکے نہ اس پار۔ بس سامنے والی برف سے ڈھکی سفید چوٹی پہ ٹکی رہے۔ سفید برف۔ جو ہیرے کی طرح چمک رہی ہے۔ ہیرے کی کنی نے چمک یہیں سے لی ہوگی۔ مگر صدیوں تک دبے ڈھکے چھپے رہنے سے اور تراش خراش کے دکھ جھیلنے سے، ٹکڑے کیے جانے کے کرب سے اس کی چمک تو دمک بن گئی دائمی اور ابدی۔ دیدہ ور کی نگاہ پڑی تو قیمت سر چڑھ کے بولنے لگی۔

اور دوسری چمک۔ پگھل پگھل کے آنسو بن بن کے بہہ گئی۔

ہر عروج را زوال۔

اقبال نے تو ایک گلہری کے ہاتھوں (یا باتوں) پہاڑ کو شکست دلوا دی تھی۔ یوں روایتوں، رواجوں، حقیقتوں کے آگے ہار تو تقدیر ٹھہری۔

مگر وہ تھے غضب کے ریفری۔ !

مگر سربلند ہارتے کب ہیں۔ اس پہاڑ کی سفیدی کو مٹتے تو کسی نے دیکھا نہیں۔ ویسے بھی آج کل دیکھنے کی زحمت نظروں کو دیتا کون ہے۔ کچھ دیکھنا ہی ہے تو ٹی۔وی نہ دیکھیں۔ وی سی آر یہ فلمیں نہ دیکھیں۔

اصل کو بھی نقل کے واسطے سے دیکھیے۔ اور بھی چشم غیر سے دیکھنے میں الزام اگر آنا ہے تو وہ بھی غیروں کے سر آئے گا۔ ہم اپنا سر کھپانے کے بجائے سر بچانے کی فکر کریں۔

تو بات سلسلہ ہائے کوہ کی ہو رہی تھی۔ اور حسب عادت یہ سلسلہ دراز ہو گیا۔ تو ہمالیہ کا یہ حصّہ۔

ٹھہریے۔ ٹھہریے یعنی ساودھان خبردار۔ ایک سورج مغرب میں چمکا۔ ایسی غیر متوقع لحاتی چمک سے ہمیشہ خبردار رہنا چاہیے۔ پہاڑ کے سیدھے سچے لوگوں کی بات نہیں۔ ہم خطرناک شہروں سے آئے۔ خطرناک حد تک باعلم اور ہوشیار خبردار قسم کے باشندے تو پٹاخے اور بلون سے بھی چونک پڑتے ہیں انگیٹھی سے اٹھتے دھویں کو دیکھ آیۃ الکرسی پڑھنے لگتے ہیں — یااللہ۔ یااللہ کرنے لگتے ہیں۔

پھر وہی پائنٹ آف آرڈر — کہ نہ بانس نہ بانسری۔ سب یہ ڈیپارٹمنٹ آف کلچر کا قبضۂ جائز و ناجائز ہے۔ یعنی نہ انگیٹھی نہ انگیٹھی کا دھواں۔ نہ چلنے جلانے کے لیے لکڑی نہ کوئلہ۔ ریلیں بھی ڈیزل سے چلنے لگیں۔ سو جُرائے ہوئے پتھر کے کوئلے کی گنجائش بھی کم ہو گئی۔ سارے محاوروں میں ترمیمات کرنی پڑیں گی کانسٹی ٹیوشن کی طرح — !

تو کیوں نہ فوراً کمیشن بٹھا دیا جائے۔ جس کا ماہر لسانیات ہونا ضروری نہیں ماہرین کی ضرورت اور قدر لگے کسی جنم میں ہو سکتی ہے۔ آج نہیں۔

ہاں صاحبان — پھر واپسی اسی مکتے کی طرف کہ جہاں سے چند لمحے پہلے چلے

تھے ہم۔ کہ سمتِ مغرب سورج دیوتا کی سی چمک نے آنکھوں کو خیرہ کرنے کی کوشش کی مگر سورج یہ کہاں — وہ تو خراماں خراماں طلوع ہونے، جلوہ دکھانے کی کوشش کر رہے ہیں۔ بالکل ایسے ہی جیسے شکیلہ بانو بھوپالی طلوع ہوتی ہیں۔ پہلے آڑے ٹیڑھے ساز ندے۔ اور ٹوٹے پھوٹے ساز۔ پھر لپی پتی پلاسٹر چڑھی والدہ پھر کچنار کی کلی (بہ اعتبار جسامت) سی بیٹی بہن (سمجھ سمجھ کی بات ہے) پھر جھوم جھمکے جڑی۔ سرخ انگارا بتی۔ کرن کرن لپیٹے سمیٹے۔ جھلمل جھلمل۔ سورج کے گولے سی خود وہ با

تو اسی طرح یہ اصل سورج بھی آہستہ آہستہ طلوع ہو رہا ہے۔ اور اس کی کرنوں سے مغرب کی پہاڑی سڑک پہ ابھرتی ڈوبتی بس ایک دم شکارے مارنے لگی تھی۔

ہاں مظلومو! اطمینان کی سانس لو کہ یہ خنجر کی چمک نہیں بس کا ٹین کا ٹیٹر ہے — ! بس نکل گئی۔ اب ہم لکیر پیٹ رہے ہیں۔ سب سے اونچی سڑک کے پیچ و خم میں گم ہو کر اس نے اپنا رخ روشن دوبارہ دکھلایا۔ اور اب درمیانی سڑک پہ آگئی ہے۔

بلندی سے پستی تک آنے میں بس تک کو دیر نہیں لگتی۔ ایسے ویسوں کی کیا بات ہے۔

ہر عروج را زوال — !

مغربی پہاڑ کے اُس پار۔ نرچوک ہے۔ سندر نگر ہے۔ بلاسپور ہے۔ اور چنڈی گڈھ ہے (قلم میں لرزش — !)

مشرق کی اور خدا جانے سورج کے علاوہ کیا ہے۔ ویسے جب سورج ہے تو کسی اور کی گنجائش ہی کہاں۔ سورج سے لوہا کون لے سکتا ہے —؟ ایک کچھار میں دو شیر (علاوہ نیشنل پارک — !) ایک میان میں دو تلواریں کیسے۔ اور جب سورج ہے تو ہو سکتا ہے دونوں جہانوں کا مشترکہ دار الخلافہ۔ بارگاہ الٰہی۔ خانۂ خدا بھی ادھر ہی ہو — اور سورج اسی کا دوار پال۔ نظر عقل کو اس تک پہنچنے سے روکنے والا۔ اور اسی کی طرف کھینچنے والا۔ صحرائی جادوگر کی طرح۔

تو خیر جانب مشرق کل علم کا عَلم (اور الم بھی۔) ہاتھ میں لے کے یلغار کی جائے گی۔ ایک روزہ تجربے کے سہارے تحقیقات (پولیس والی) اور ریسرچ (سائنس داں والی) کی جائے گی۔ تب دوستوں اور دشمنوں کے سامنے رپورٹ پیش ہوگی۔ جس سے ہماری طرح کم علم حیران اور آپ کی طرح اہل علم پریشان ہوں گے۔

بارہ بجنے والے تھے ـــ اب سب کے بارہ بج چکے ـــــ!

سمجھ میں نہیں آتا کہ ہمارے یہاں 'بارہ' کو تڑپ کی ڈگی سے اہمیت کیوں حاصل ہے۔ کہ جسے چاہا اس سے کاٹ دیا۔ کہیں صورت پہ بارہ بجتے ہیں تو کہیں عقل پر۔

گھڑی میں بارہ بجنے والے تھے۔ ہم بھاگے بھاگے۔ یعنی تیز تیز چلتے ہوئے کہ عمر کے ایک حصے میں چلنا دوڑنے کے مترادف اور دوسرے میں دوڑنا گجگامنی سی چال سمجھا جاتا ہے۔

وقت وقت کی بات ہے اور داتا کے ہاتھ ہے۔

سو ہم پہنچے اوپر ـــ ہاں صاحب اس سات آٹھ ہزار فٹ کی اونچائی کا بھی اوپر ہے۔ اور اس اوپر کا بھی اوپر ـــ اچھا ہے جتنی بلندی ہوگی خدا سے گفت و شنید بات چیت میں آسانی اور رازداری۔ کہ آج کل سارے مسئلوں کا حل ہائی کمان ہی کے پاس تو ہے ـــ جسے الجھنا سلجھنا ہے۔ وہیں الجھتا سلجھتا اور ٹوٹتا ہے۔

تو چھت پہ ہم اس سورج کو دیکھنے گئے تھے جو مہر نیم روز نظارہ سوز تھا۔ یعنی سوا نیزے پہ آچکا تھا مگر پہاڑ کی برف ذرا نہ پگھلی تھی۔ جوں کا توں جمی چمک رہی تھی۔ ہم شہر والے ان رموز کو کیا جانیں ہمارے یہاں تو فرج کی برف ذرا میں پگھل کے پانی پانی ہو جاتی ہے۔

یہاں نہیں پگھلتا تو امیر کبیر شریف کا دل ـــ

دوسرے دن بھی سورج اپنے وقت پر طلوع ہوگیا۔ اور دھند

سارے میں پھیل گئی۔اس کے نکلنے سے پہلے ہر چیز صاف صاف دکھائی دے رہی تھی۔ سلیٹ کے چپٹے کولوں کی ڈھلواں اور پگوڈا ٹائپ چھت والے گھر۔ کوئی کھلونے سے ننھے منھے اور کوئی بڑے۔

چکنے چکنے ہرے ہرے درخت۔ شاید امرود پلم اور ناشپاتی کے جس میں ابھی تک نہ پھل آئے تھے نہ پھول۔ گلاب کی جنگلی خودرو جھاڑیاں جن میں ننھے چھوٹے اتنے نازک اور اتنے ہلکے رنگ کے پھول کھلے تھے کہ پتّوں کے ہجوم میں چھپ چھپ جاتے تھے۔ اچھے اور باصلاحیت لوگوں کی طرح۔

تو ان سب کو دیکھنے کے لیے دیدہ ور کی وی۔ آئی۔ پی۔ نظر میں درکار نہیں تھی۔ عام آنکھوں سے بلکہ کچھ کمزور آنکھوں سے بھی سب دکھ رہا تھا۔ مگر سورج نے جلوہ دکھایا اور دھند میں سب کچھ چھپ گیا۔ پکا ڈپلومیٹ ہے۔ سمجھ میں نہیں آتا کہ انسان نے (مہذب پڑھے لکھے) نے سورج سے یہ ادا سیکھی یا سورج نے عروج انسان سے کہ اقتدار کے بعد دھند پھیلا دو۔!

بھئی صدیوں کا ساتھ ہے۔ کچھ نیچے سے بھی لیا ہوگا۔ کب تک اوپر یعنی خدا کے اشاروں پہ ایک ہی محور پہ گردش کرتا رہتا۔

لیجیے۔ ہم بکواس کرتے رہے بے پر کی ہانکتے رہے اور سورج کل — خورشید علی اپنے سفر پہ روانہ ہو چکے۔ جانے کتنوں نے نمسکار کیا ہوگا۔ کتنوں نے پوجا۔ کتنوں نے سجدہ اور سلام۔ کہ چڑھتے سورج کی پوجا ہر عقل مند کرتا ہے اور ہر ہوش مند کو کرنی بھی چاہیے۔

اور اب وہ ایسی بلندی پہ آگیا ہے کہ کوئی نظر تو ملا لے —!

بھونپو بجا — مگر دس بجے۔ بارہ پہ نہیں۔ یہ کسی کے بارہ نہیں بجاتے۔ یہ سیدھے سچے۔ معصوم کسی حد تک بھولے بھالے بلندیوں پہ رہتے ہیں۔ مگر باتیں زمین کی کرتے ہیں۔ رشتہ۔ بنیادوں سے، کچی، نرم اور نم مٹی سے جوڑے رکھتے ہیں۔

ان کی ضروریات محدود اور تمناؤں آرزؤں کی اڑان نیچی۔ بلکہ زمین پر رینگتی ہوئی۔

سارے آسمانی سلطانی بوجھ اٹھاتے اٹھاتے ان کی کمر جھکی سی رہتی ہے۔ آسمان قریب تر ہے نا۔ دنیا پہ برسائے جانے والے تمام ستم انھیں پہاڑوں کی چوٹیوں پہ انھیں درختوں کی شاخوں پہ آکے اٹک جاتے ہیں۔ اور یہ باران رحمت سمجھ کر اٹھا لیتے ہیں۔ جھاڑ پونچھ کے اپنے اوپر اوڑھ لیتے ہیں۔ کھردرے اون کے کمبل کے ساتھ۔ رنگ برنگے کشیدہ کے پھول میں کاڑھ کے ٹانک کے ـــــ اور ایسا کرنے میں ان کی نظریں ہمیشہ نیچی رہتی ہیں۔ گردنیں جھکی رہتی ہیں۔ ہمیشہ ٹوپی جو پہنے رہتے ہیں۔ یہ ٹوپی بڑی خطرناک شے ہے۔ شریف کو چار چوٹ کی مار دینے والی۔ ! ایسے گرنے سے بچانے کے لیے بچارا نہ سر اٹھا کے بلندی پہ دیکھ سکتا ہے نہ پستیوں میں لوٹیں لگا سکتا ہے۔ نہ اچھل کود مچا سکتا ہے۔

"حیف اس چار گرہ کپڑے کی قسمت یارب"

بلکہ حیف اس سر کی قسمت کہ جس پہ چار گرہ کپڑا ٹوپی بن کے سجتا ہے۔۔ ان پہاڑیوں کے پاس ٹوپیاں بے تحاشا ہوتی ہیں۔ (کپڑے کم ٹوپی زیادہ)۔۔ گول ٹوپی۔ لمبی ٹوپی۔ نوکیلی ٹوپی۔ سادی۔ کڑھی۔ گرم ٹھنڈی۔ ایک ٹوپی سنبھالنا۔ تھامنا۔ بچانا مشکل۔ اتنی ساری رکھنے کا اس کے علاوہ کیا انجام ہو سکتا ہے۔ شرافت میں عافیت اور عاقبت دونوں خطرے میں۔ ویسے عافیت اور عاقبت کے مسائل کو سمجھتا بھی کم ہے۔

تعلیم اس چڑھائی پہ کم ہی چڑھ پائی ہے۔ علم کے پانو بھی زخمی ہو ہو جاتے تھے۔ ریڈیو۔ ٹی وی اس کمی کو دور کر رہا ہے۔ مگر صدیوں کا خسارہ ہے۔ دو چار سال میں پورا تھوڑا ہی ہو سکتا ہے۔

صاف ہوا کی طرح یہاں سب کچھ صاف ہے۔ دل و ماغ۔ ذہن تو دھلے دھلائے اجلے چمکیلے دل والے پہاڑیوں کے یہاں دس بجے ہی بارہ بج

جاتے ہیں۔

ہوتے بھی تو چڑیوں کی طرح سحر خیز۔ ویسے ہی معصوم۔ ننھے دھڑکتے دل کے سو چڑیا کی چہکار کے ساتھ، شبنم کی پھوہار کے ساتھ۔ کرنوں کے نکھار کے ساتھ اٹھ جاتے ہیں۔ سب کے سب۔ 'گانو' کا گانو۔ (جواب شہر بنتا جارہا ہے)

سارے کام میدانی چکر سے پہلے شروع ہو جاتے ہیں۔ سات ساڑھے سات بجے اسکول۔ دس بجے دفتر عدالت۔ تین بجے تک زندگی کے پہیے کی رفتار میں دھیما پن آنے لگتا ہے اور چار بجے تک سب بند۔ چکا جام۔ لوگ سر جھکائے (کہ پہاڑی راستوں پہ چلنے کے لیے سر کو جھکانا ہی پڑتا ہے) لوٹ آتے ہیں۔

مگر زندگی سونی نہیں ہوتی۔ شہر اداس نہیں ہوتا۔ غنودگی کے بعد ایک انگڑائی لے کر جاگ اٹھتا ہے۔ تروتازہ۔ نکھرا سنورا۔ رنگین۔ معطر۔ چھ بجتے بجتے سرکیولر بازار حسن و نور کے طوفان سے جھلملا جگمگا جاتا ہے نازک بدن۔ اجلی اجلی رنگت۔ حسین نین نقش۔ کچھ تیکھے کچھ میٹھے۔ چمکیلے۔ بھڑکیلے رنگ برنگے، نئے فیشن نئی تراش خراش کے کپڑے۔

چوڑی سرکلیور سڑک کی ریلنگ پر۔ ہر نکڑ پر اور بیچ بیچ میں لہے۔ خالی میدانوں میں۔ ہر کیفے اور ریستوراں میں۔ خوشبودار پان کھاتے۔ سگریٹ کے کش لیتے۔ آئس کریم کھاتے۔ سمارٹ۔ مہذب نوجوان۔ لیٹسٹ فیشن سے باخبر۔ بےفکری سے باتیں کرتے۔ اونچے اونچے قہقہے لگاتے۔

جگمگاتی دکانیں۔ کپڑے۔ جوتے۔ ریڈیو۔ ٹی وی۔ کاسمیٹکس۔ اخبار رسالے۔ تلی مچھلی۔ بھنے مرغ۔ ابلے انڈے۔ رسیلے پھل۔ مگر شراب کم اس لیے لوگوں کو ڈولتے جھومتے دیکھا۔ لڑکھڑاتے گرتے نہیں۔

نو بجتے بجتے بازار بند۔ شہر سوتا گلیاں اداس۔ لوگ جانی پہچانی اندھیری تنگ چڑھائیاں چڑھ چڑھ کے جو بقول ان کے انھیں زبانی یاد ہیں، واپس گھروں کو۔

شہر خاموش ہے تاریک نہیں۔ روشنیاں جھلملاتی رہتی ہیں۔ جیسے ہتھیلی پہ ان گنت ستاروں والا آسمان اتر آیا ہو۔

یہاں کے باسیوں کی آواز میں پہاڑ کی طرح گونج کیوں نہیں۔ پہاڑی جھرنوں اور دریائے (بیاس) کو یہ منڈی والے روز ہنستے مسکراتے کھلکھلاتے شور مچاتے کلکاریاں مارتے دیکھتے سنتے ہیں۔ اس سے ذرا جو اثر قبول کریں۔ اچھا ہی ہے کیوں کہ یہ سب برسات کے بعد غائب ہونے لگتی ہیں۔ صرف گول گول سفید پتھروں اور خشک چٹانوں کا ڈھیر رہ جاتا ہے۔ شاید عام پہاڑی' بیاس' کے پانی کی طرح بیچ بیچ میں سوکھنا نہیں چاہتا۔ ہر دم بہتے رہنا چاہتا ہے۔ موجود رہنا چاہتا ہے۔ کم کم ہی سہی۔ بجھا بجھا ہی سہی۔ اس لیے اس کا وجود زیرو پاور کا بلب ہے۔

نہ تڑک نہ بھڑک۔ نہ پھڑک۔!

کبھی وہ آپ کے آگے نہیں چلے گا۔ دو قدم پیچھے ہو کر آپ سے آگے چلنے کی التجا کرے گا۔ لاکھ خوشامد کرو" بھائی ہم انجان بے خبر اجنبی۔ اپنے میدانوں کے سپاٹ راستوں پہ تو سیدھے اور بغیر بھٹکے چل نہیں پاتے۔ ان راستوں پہ کیا چلیں گے۔؟ ایک ٹھوکر لگی اور گئے کھڈ میں۔ اس پر وہ بڑے اعتماد سے مسکراتے ہیں۔ جیسے ہمیں کھڈ میں گرنے سے بچا بھی لیں گے اور بھٹکنے بھی نہیں دیں گے۔! ہیں نا آسمانی دیوتاؤں کی طرح بھولے اور شریف — اتنا بھی نہیں سمجھتے کہ جو دوسروں کو دھکا دینے کی خاطر اچھے بھلے راستوں کو اندھی گلی بنا کر خود بھی بھٹکتا رہے اور دوسروں کی ٹانگ کھینچنے اور گرانے کے چکر میں خود لڑھکتا رہتا ہے اسے وہ کھڈ سے کیسے محفوظ رکھے گا۔؟

مگر شاید رکھ لے کہ یہ واقعی سچ مچ کی نیچرل کھڈ ہیں MAN MADE نہیں —

درختوں سے گھرے۔ جھاڑیوں سے بھرے اس علاقے میں جانور بہت کم

نظر آئے۔ نہ آوارہ کتّے۔ نہ لاوارث بلیاں۔ نہ اِدھر اُدھر منہ مارتی بکریاں۔ نہ چوراہوں پہ دھرنا دے کر بیٹھی سوکھی مریل گائیں۔

یہ سب تو کو شہروں کی دین ہیں۔ CIVILSED علاقوں کی تہذیب و تمدن کی نشانیاں۔ ان کی اہمیت اور ضرورت شہر میں ہی ہے۔ اسی لیے یہاں اندھیرے اجالے تیزی کلسے' بے خوفی سے سکون سے پہاڑی پگڈنڈیاں۔ کچّے راستے طے کر لیتے ہیں۔ سیڑھیاں چڑھتے اترتے ہیں۔

رینگتے ہوئے سانپ بھی نہیں ملتے۔ وہ بھی آستینوں میں جا بسے۔

ایک اہم انکشاف۔ ابھی یہاں ٹورسٹ اور جدیدیت کے باوجود وہ ایمانداری ہے کہ ہم شہریوں کے لیے خواب بھی نہیں۔ خیال بھی نہیں۔ سنتے ہیں مملکت اسلامیہ میں گری پڑی اشیا کوئی نہیں اٹھاتا۔ کہ چور کے ہاتھ قلم کر دیے جاتے ہیں۔

یہاں ہر چیز کھلی پڑی رہتی ہے۔ کوئی ہاتھ نہیں لگاتا۔ اور سب کے سر بھی سلامت ہیں اور ہاتھ بھی۔

ابھی تک سمجھ میں نہیں آیا تھا کہ آخر اس کا نام منڈی کیوں رکھا گیا۔ آخر یہ ہے کاہے کی منڈی۔ دال منڈی۔ آٹا منڈی۔ پھل منڈی۔ کپڑا منڈی۔ کوئی چیز بھی تو بازار میں اس افراط سے نظر نہیں آئی۔

کیا انسانوں کی منڈی ہو سکتی ہے۔ وہ بھی شاید نہیں۔ چھوٹا سا شہر محلے ڈیڑھ محلّے کے برابر۔ اس سے زیادہ آبادی تو دلّی کے منڈی ہاؤس کی ہے۔ (ٹی۔ وی) دفتر کی وجہ سے)

خیر تھوڑی سی سوچ اور ریسرچ سے وجہ تسمیہ معلوم ہو گئی۔

'منڈو' نامی رہتی، گیانی دھیانی اس ویرانے میں یعنی جب یہ شہر نہیں بسا تھا۔ ایک کٹیا میں عبادت کیا کرتے تھے۔

پھونس کی کٹیا ـــ مٹی کا دم۔

ویرانہ ـــــ عبادت ریاضت ۔ سچائی ۔ خلوص اور خدا

یہ خدا بھی عجیب ہستی ہے ہمیشہ ویرانوں میں ہی ملتا ہے ۔ ویرانہ آباد اور وہ غائب۔

دیکھرے ہیں جس قدر جام وسبو میخانہ خالی ہے،

خدا اسکائی اسکیر پرس والے بڑے شہروں میں نہیں ملتا۔ وہاں دوسرے خدا قابض ہیں وہ ہمالیہ کی برفانی چوٹی میں ملتا ہے ۔کوہِ طور یہ اپنا جلوہ دکھاتا ہے۔

عجیب آدم بیزار ہے ۔!

پھر پھونس کی کُٹیا سے راج محل کی کہانی کوئی انوکھی اور نئی نہیں۔ جنگل کٹے اور عمارتیں بنیں۔ جنگل کاٹنے کا شوق صدیوں اور ٹگوں پرانا ہے اور مشق ناز آج بھی جاری ہے۔ کاٹنے کے لیے درختوں کا جنگل نہ ملے تو وہ انسانوں کا جنگل کاٹ دیتا ہے ـــ! فطرت تو نہیں بدلی جا سکتی ۔!!

راج محل اب 'راج محل ہوٹل' ہے ۔

ہر راج محل کا یہی منظر نامہ ہے ۔ نیو ٹیسٹی منٹ ۔ وہ بھوپال ہو یا میسور یا جے پور ۔

مگر کسی محل کی سر بفلک پیشانی پہ ہوٹل کے بجاے یتیم خانے کا لفظ کیوں نہیں لکھا جاتا ۔

یتیم خانہ کیسے بنے ۔ راج محل ہاتھی ہے۔ مرا ہوا ۔ سوا لاکھ کا۔ اور ہاتھی کی ٹریجڈی ہے کہ وہ سوا سو کی بکری نہیں بن سکتا ـــ !

بس اب اس قصباتی شہر کو خدا حافظ کہہ دیں ۔ مگر ٹھہریے ۔ بینڈ باجا جو بجنے لگا ـ فی الحال تقریب اس کی خانہ آبادی ہے ۔ ہمیں اس بینڈ باجے اور تخریبی تقریب سے دلچسپی نہیں ۔ کہ یہ تو ہر گھڑی کا معمول ہے۔ نوکِ قلم کو روکا اور رخ موڑا پتھر کے سولہ ستونوں والے اس برج نے جو ہے چوکور مگر دور سے نظر آیا ہے گول ـــ اور اس کے مقابل سڑک پار ہے

ایک لمبا چوڑا رنگین سنگین اسٹیج۔ اور اس پہ بج رہاہے باجا۔ یہ ایک طرح سے شہر کا چوک چوراہا ہے۔ لال قلعہ ہے۔ وجے چوک ہے۔ بوٹ کلب ہے۔ پرگتی میدان ہے۔ اور زیادہ اونچا گریڈ دینے کا موڈ ہو تو لنین اسکوئر کہہ لیجیے۔

راج محل سے لگی ہوئی پگوڈا سی چھت والی بارہ دری یا برج سلامی منچ بھی کہا جاسکتا ہے۔ کہ جھنڈا تو سال میں دو مرتبہ لہرا کے ملک کے جھنڈے پہ چڑھایا جاتا ہے۔

کبھی یہ درشن جھروکا بھی تھا۔ راجہ منڈی (آگرے والی نہیں) بلکہ مہاراج کمار آف منڈی اسٹیٹ خاص خاص اور پھر عام عام موقعوں پر درشن دیا کرتے اور رعایا کو بڑی جھوٹی تسلی۔

برج کے دونوں طرف سیڑھیاں جن کا سلسلۂ نسب رومن ایمپائر سے چل کر 'بھارت بھون'، یعنی ماڈرن اسٹیج تک آملاہے۔ اب یہ پبلک تھیٹر کا کام دیتی ہے۔ پہلے یہاں راجا کے حوالی موالی براجمان ہوا کرتے تھے۔ اب اُمرا و فقرا کے۔

سڑک پار والے وسیع وعریض اسٹیج پر پریڈ ہوتی ہے۔ تھیٹر ہوتے ہیں ناچ گانے مشاعرے شیوراتری اور دسہرہ میں بھجن کیرتن اور رام لیلا۔ اور موسم بے موسم الیکشن کے بھاشن۔

بس چلتے چلاتے آخری بات۔ جس مکان کی بالکونی سے وقتاً فوقتاً نظارہ کرکے ہم آپ کو رننگ کمینٹری دے رہے ہیں۔ وہ شمالی پہاڑ خاصی اونچائی پہ بناہے۔ یہاں سے ہم پہرہ بھی دے سکتے ہیں اور چاہیں تو پورے شہر کی حفاظت بھی کر سکتے ہیں۔ پورا شہر ہماری نظروں کی رینج میں ہے۔ تو بات ہمارے ذہن میں یہ آئی کہ ہر شہر کی حفاظت کے تمام طریقے فیل ہو چکے ہیں۔ کہیں انتہا پسند۔ کہیں ابتدا پسند۔ جسے دیکھیے آ کے اپنے ارمان نکال رہے ہیں۔

اور دھڑا کے سے چھکے چوے مار رہے ہیں۔ اور کیا پولیس کیا فوج۔ کیا امیر کیا وزیر آنکھ پہ پٹی باندھے چور سپاہی کا کھیل کھیل رہے ہیں۔ پس شہر کے چاروں طرف پہاڑ اٹھا کے شہریوں کو بیچ میں لا کے چھوڑ دیا جائے۔ پولیس اور فوج کو پالنے سے پہاڑ کا بنانا آسان ہوگا۔ اور کم خرچ بالا نشین بھی۔ پھر کسی چاند ماری کا کوئی خطرہ نہیں۔

پس غبار

سفر عمر کے ہر حصے میں کیے۔ چھوٹے چھوٹے بڑے بڑے اور قسم قسم کے ــــ

کشمیر سے کنیا کماری تک۔

سوکھی سیوانی سے جھومری تلیا تک

جگن ناتھ سے سومنات تک

خواجہ اجمیری سے سائیں بابا تک

اور پاکستان سے یوم پی آئی اور لندن تک

مگر قلم جھکا تو منالی کی پہاڑیوں کے آگے اور چلا تو ستلج بیاس اور پاروتی کی موجوں کے ساتھ ساتھ

قسمت اپنی اپنی ــــ

دوسری بات کہ جو پہلی سے بھی اہم ہے یہ کہ اس سفر کے لیے واقعی ایک عدد بستر بند کی ضرورت محسوس ہوئی ورنہ آج کل تو ہر سفر بغیر بستر کے اور ہر بستر بغیر کسی بند و بندش کے ہوتا ہے۔ حتّٰی کہ کسی کا بستر گول کرنے کے لیے بھی بستر اور بستر بند کی زحمت اٹھانی نہیں پڑتی۔ تلاش بسیار کے باوجود اس قسم کی کوئی شے فراہم نہیں کی جا سکی۔ پھر برسوں سے بند صندوقوں کی کھدائی اور صفائی کے بعد جو موٹا بدرنگا تھیلے نما خیمہ برآمد اس کے الٹ پھیر سے ایک عدد بستر بند تیار ہوا۔ (دستِ خود) جیسے نفاست سے گول کیا گیا (عنوان کی خاطر ــــ !) ●

جیک اینڈ جِل

سو برس ہو گئے۔ دو سو بھی ہو سکتے ہیں اور پانچ سو بھی۔ چلیے آسانیِ تن دمن کی خاطر اور کورے کاغذ سی میلی زندگی میں رنگینی اور شعریت پیدا کرنے کے لیے جگر مراد آبادی (حالاتِ حاضرہ و ناظرہ کے تحت تخلص کے اِس حصّے کو حذف کر دینا چاہیے۔) کے شعر کو پیمانہ بنا لیتے ہیں۔ یعنی

صدیاں گزر گئیں کہ زمانہ سفر میں ہے

زمانہ کانپوری (پھر وہی شہر ممنوعہ ــــــ!) کی حالتِ زار کی تو خیر ہم کو خبر نہیں البتہ یہ ضرور معلوم ہے کہ صدیاں گزر گئیں کہ بچارے دو بیکس و مجبور بچّے جیک اینڈ جل سفر میں ہیں۔

ہر روز صبح صبح۔ بلکہ دوپہر۔ تین پہر۔ چار پہر۔ ہر گھڑی دنیا کے کونے کونے میں رہنے بسنے والے اربوں کھربوں بچّے لہک لہک کر اُن کے سفر کی داستان سناتے رہے ہیں۔

جیک اینڈ جِل وینٹ اپ دِی ہِل

اپنی عمر کے کسی نہ کسی حصّے میں (کہ ہر ایک کا بچپن الگ الگ دور میں الگ الگ رنگ اور الگ الگ ڈھنگ سے آتا ہے آپ نے بھی جیک اینڈ جِل کی یہ

المناک داستان مزدور سنائی ہوگی۔ ہم بھی چالیس برس پہلے روزانہ اسکول میں گاتے تھے۔ اور اکثر شام کو مہمانوں کے سامنے ہماری پر درشنی لگائی جاتی تھی تب بھی بھونڈی آواز میں گانا پڑتا تھا۔ کہ نصف صدی پہلے ملک اتنا کانونٹ زدہ نہ تھا کہ ایک کمرے کا ٹوٹا پھوٹا ہر اسکول کانونٹ کہلاتا۔ نہ ہر بچّہ کانونٹ کا یونیفارم ہولڈر ہے!

تو خیر جیک اینڈ جل کے اس خطرناک سفر سے بھی ہمیں کوئی دلچسپی نہیں۔ کہ سفر کرنے والے سفر تو کرتے ہی ہیں۔ اردو اور انگریزی دونوں کا ویسے فرق بھی دونوں میں کم ہی ہے۔ بلکہ اگر کچھ تھا تو وہ بھی مٹ کے ایکتا کا ثبوت دے رہا ہے۔

قصہ مختصر۔ سفر گیلیور نے بھی کیا۔ کولمبس نے بھی۔ ابن بطوطہ نے بھی۔ اور آج کے تمام بچّہ سفر بھی کر رہے ہیں۔ اسی لیے ریل کی پٹریاں گھس رہی ہیں۔ اور ریلیں پٹریوں سے اتر رہی ہیں۔ اور گوریا چڑیا ئیں ایرانڈیا اور انڈین ایرلائینز کے طیاروں کو مار گرائے جا رہی ہیں۔

آج اتنے برس بعد ہمیں پیارے جیک اور دلارے جل کی منزل مقصود سے یکایک دلچسپی پیدا ہوگئی۔ اور منزل سے بھی نہیں۔ کہ پہاڑ پہاڑوں پہ سب ہی چڑھ لیتے ہیں۔ کیا ہلیری اور تین سنگھ اور کیا شفیقہ فرحت۔

جی ہاں۔ اپنے شہر بھوپال کے عیدگاہ۔ شملہ اور اریرا پہاڑیوں پر جو سطح شاہراہ سے بیس تیس فٹ کی اونچائی پر ہیں ہم اکثر بذریعہ تھری دیلر فور دیلر چڑھتے ہی رہتے ہیں۔

ہمیں تو اس نرسری رائم کے ایک حصّے نے اپنا بنایا ہے (اپنانے کے لیے اتنا ہی بہت ہے۔ اور اپنے اور پرائے میں بس اتنا ہی تعلق اور فاصلہ باقی ہے) اور وہ ہے۔

ٹو فیچ اے پل آف واٹر

گویا صدیوں پہلے بچارے جیک اینڈ جل اینڈ کو، کی دُور دشادہی تھی جو آج ہماری

ہے۔ ایک بالٹی پانی کے لیے دو مظلوم بچے پہاڑی چڑھتے تھے اور گرتے تھے۔ آج جیک اینڈ جل کے ساتھ اُن کے MOM AND DAD اور خاندان کے دیگر افراد بھی ہانپتے کانپتے کراہتے آہ وزاری کرتے بالٹی مٹکی لوٹے دیگچے دیگچی لیے جانے کتنی پہاڑیاں اور پہاڑ جیسی بلڈنگوں کی سیڑھیاں چڑھتے اترتے ہیں۔

یہ سب پانی کا کھیل ہے۔ جس سے ہم سب پانی پانی ہوئے جارہے ہیں۔ اور سرکار ہمیں نیست ونابود ہونے سے بچانے کی خاطر پانی کی طرح روپیا بہارہی ہے۔ اور درباری اپنی بقا کی خاطر کروڑوں پہ پانی پھیر رہے ہیں۔

وضاحت شرافت کے لیے مطالعہ کیجیے نربدا ویلی اسکیم اور ملاحظہ کیجیے "نل کوپ ابھیان"۔

کیا اتر کیا دکشن۔ کیا ضلع بستر کے ریشم کیا تیلگو دیشم سب کا حال یکساں ہے۔ اوّل تو بادل آتے ہی نہیں۔ ملک کی ہر دولت کی طرح غالباً اسے بھی سوئز بینک میں رکھ دیا گیا ہے۔ تو پھر اس کے ساتھ مہاکوی کالی داس کے "میگھ دوت" کو بھی سیف ڈپازٹ میں چھپا دینا چاہیے تھا کہ وہاں تو برکھا کا پہلا بادل بھی برستا ہے اور آخری بھی ــــ لیکن مہاکوی سے اہل سیاست کی 'یاد اللہ' ہی کب ہے۔

اب وہ مہاکوی کا اثر کہیے یا ہمارے دیگر شعرائے کرام کا کہ ساون بھادوں کے تپتے آسمان میں بادل کے دو ایک دھبّے نظر تو آئے۔ مگر اب سرکار دربار کی طرح ان کا بھی کوئی بھروسا نہیں رہا۔ قول وفعل میں بڑا تضاد پیدا ہو گیا ہے۔ پہلے اگر برستے نہیں تھے تو گرج تو لیا کرتے تھے۔ اب گرج بھی ختم ہو گئی۔ ان کی بھی زبان بند ــــ یہ بھی بے آواز ــــ یوں ہی جلوہ دکھا کے جھلک بتا کے غائب۔ جیسے بڑے ملکوں کے بڑے وزیر ــــ ابھی یہاں ــــ ابھی وہاں۔

جملہ بھارت میں شروع کیا تو پیرس میں منڈلاتے ہوئے ختم کیا۔ سو یہ بادل بھی اڑنے میں ماہر ہو چکے ہیں۔ اڑے اڑے پھرتے ہیں۔ تب پانی کہاں ــــ

ایسے اُڑے وقت میں جیک اینڈ جل کا سہارا نہ ہو زندگی کیسے کٹے اور کہاں

کئے۔

پانی کے صدقے بعضوں نے رات کی باوقار خاموشی دیکھی۔ بعضوں نے صبح کا سہانا منظر۔ یہ تو اپنا اپنا مقدر ٹھہرا۔ کسی کو عابدِ شب بیدار بنا دیا۔ کسی کو زاہدِ سحر خیز۔ شہر کے واٹر ورکس نے جس کے خانے میں پانی کی فراہمی کے لیے جو لمحہ اچھال دیا لوگوں نے اسی کو غنیمت جانا۔

دور دراز کی بات چھوڑیے اور سنی سنائی پہ اعتبار بھی نہیں کرنا چاہیے۔ ہمارے محلّے کے لیے "سوریہ کی انتم کرن سے سوریہ کی پہلی کرن تک کا کوئی سمے طے ہوا۔ اور اس قیامت کی گھڑی کے مقابلے کے لیے ہر گھر میں الارم کی گھڑی آ گئی۔ دور اندیش اور خیر اندیش حضرات نے ایک کے بجائے دو تین گھڑیاں خرید لیں۔ کہ خدا جانے کس کا الارم وقت پہ بجے کس کا نہ بجے۔ اور کون سی گھڑی کا وقت ورودِ باران رحمت کے وقت سے میل کھائے۔ پھر تو یہ عالم ہو گیا کہ ساری رات ہر در ہر گھر۔ ہر موڑ سے ریل کے انجن سی گڑگڑاہٹ، کپڑا مل کے بھوپوں سی چنگھاڑ سنائی دینے لگی۔ ایک شورِ نشور۔ صورِ اسرافیل سے کان جیتے جی آشنا ہو گئے۔ میوزیکل اور نرم و نازک آواز والی گھڑیاں کباڑی کی نذر کر دی گئیں کہ مبادا آنکھ نہ کھلے تو قیامت ہی آ جائے۔

اس دردِ مشترک کے واسطے سے اہل محلّہ جو پہلے انجان اجنبی تھے دوست ہمدرد بن گئے۔ کم از کم صورت آشنا تو ہو گئے اور ایک دوسرے کو پہچاننے لگے۔ تعلقات بڑھے۔ رشتے ناتے طے ہونے لگے۔

اور جناب صبح کی یہ ورزش KEEP FIT اور یوگا کا بدل ثابت ہوئی دوا علاج پہ جو روپیا پانی کی طرح بہایا جاتا تھا وہ رخ بدل کر اسی پانی کے سہارے واپس آ گیا۔ لاتعداد دائمی اور شہرت یافتہ مریض۔ جنھیں کسی نے صحت مند دیکھا نہ سنا۔ جن کے مختلف امراض کے متعلق پورا میڈیکل ڈپارٹمنٹ برسوں سے ریسرچ کرتا چلا آ رہا تھا اور جن کے قطعۂ تاریخ وفات اور مرثیے شعرا بارہا کہہ چکے تھے وہ پانی

بھر بھر کے ایسے صحت مند ہوئے کہ دوا کی ساری رقم غذا پہ خرچ ہونے لگی۔ اور گھر کی تندرست خواتین کھانا پکاتے پکاتے بیمار پڑ گئیں۔ ملازموں نے تو خیر پہلے ہی ملازمت کو خیر باد کہہ دیا تھا۔!

ایک طرف تو محلہ پرائمری ہیلتھ سنٹر بنا دوسری طرف چوری کی وارداتیں بھی کم ہوگئیں یعنی پولیس کی آمدنی ماری گئی۔ پانی کے انتظار میں لوگ رات رات بھر جاگیں گے۔ گھڑی گھڑی گھڑی دیکھیں گے۔ نل نلکوں تک جائیں گے۔ بیڑی سگریٹ کا کش لیں گے۔ زردہ سپاری کی چٹکی پھانکیں گے۔ تو ایسا بے جگرا چور کہاں ہوگا کہ چوری کی ہمت کرے۔ چوری تو چوری وہ تو ہیرا پھیری بھی نہیں کر سکتا۔ اگر کوئی انجان اناڑی آبھی جائے تو صورتِ حال کا جائزہ لے کر فوراً ایک عدد بالٹی سنبھال لائین میں لگ جائے گا۔

لیکن جو دولت چوروں سے بچی وہ دودھ والوں کی نذر ہو رہی ہے۔ جی ہاں گوالوں نے دودھ کی مقدار کم کردی اور قیمت بڑھا دی۔ کہ پانی کی تلاش میں اُنھیں دور دراز کا سفر کرنا پڑتا ہے۔ پھر بھی شے مطلوب حاصل ہوتی نہیں۔ تو امپورٹ کی جاتی ہے۔ اس امپورٹ ایکسپورٹ سے دام تو بڑھیں گے ہی۔ اور چونکہ اکثر اتنی کوششوں کے باوجود ملانے کے لیے مناسب مقدار میں پانی نہیں ملتا اس لیے آدھا کلو کو ایک کلو مان کے لینا ہوگا۔ اور فرماتے ہیں۔

"صاحب یہ تو دودھ کا دام ہے۔ اگر پانی کے مول بیچا جائے تو انمول ہوگا۔"

واقعی حضور۔ جب ندیوں، تالابوں اور نلوں سے لے کر آنکھوں تک کا پانی غائب ہو جائے تو ایسے ہی نئے محاورے عالم وجود میں آئیں گے اور ادب اور دیگر فنون میں ایسے ہی اضافے اور جدتیں اور ندرتیں ہوں گی۔ حتیٰ کہ کھچڑی تک بن پانی کے پکائی جائے گی۔ جو اکثر جل کے خاک ہوگی۔

مہمانوں کی خاطر بھی اب چائے پانی کے بجائے پھل مٹھائی سے کی جاتی ہے۔

لہٰذا کچھ اس قسم کی خاطر کروانے کی تمنا ہمارے دل میں بھی انگڑائی لینے لگی ۔ ویسے بھی ہم انٹرنل حالات سے تنگ آچکے تھے ۔ اور روایت ہے کہ گھریلو معاملات قابو میں نہ آتے ہوں تو دوسروں کے پھٹے میں پیر اڑاتے خیر سگالی کا مشن لے کر ممالکِ غیر کا سفر کیا جاتا ہے ۔ سو ہم نے تیلگو دیشم کا رخ کیا ۔ مسافروں کے 'زادِ راہ' میں سوٹ کیس بستر بند ۔ توشہ دان وغیرہ کے بجائے چھلکتی لڑھلکتی صراحیاں ۔ بالٹیاں ۔ گگریاں نظر آئیں ۔ پوچھنے پر بتایا گیا کہ میزبانوں نے جو خصوصی ہدایت نامہ برائے مہمان و مہمان نوازی جاری کیا ہے اس میں بخطِ جلی و سیاہ روشنائی لکھ دیا گیا ہے کہ کھانا کھلانا تو خیر آدابِ میزبانی میں شامل ہے ہی ۔ مگر آپ پہننے اوڑھنے کی بھی فکر نہ کیجیے ۔ وہ سب ہمارے ذمّے ۔ خدارا ایک گھڑا پانی ساتھ لیتے آئیے ۔ ایک ایک چلو ہمارے لیے بقیہ آپ کے لیے ۔ (واضح ہو کہ اب ڈوب کے مرنے کی روایت ختم ہو چکی ہے ۔ چلّو بھر پانی یوں ضائع کرنا جرم بلکہ گناہ سمجھا جاتا ہے ۔!)

خیر ایک صاحب سے ہم نے راہ میں یوں ہی ازراہِ گفتگو دریافت کیا ۔

"آپ کا قیام حیدر آباد میں کب تک رہے گا ؟"

فرمایا ۔ "جب تک موسیٰ ندی میں پانی رہے گا ۔"

پوچھا ۔ "موسیٰ ندی خود کہاں ہے ۔۔۔ ؟"

جواب ملا ۔ "اسی کی تلاش میں تو یہ ہمدردان و محبانِ سرزمین دکن کا قافلہ سوئے دکن جا رہا ہے ۔"

کچھ عرصہ پہلے ایک فلم دیکھنے بلکہ دکھلائے جانے کا اتفاق ہوا تھا ۔ اسی 'دیشم' کی تھی ۔ جس میں ہیروئین صاحبہ دس ہزار اسٹیل کی مٹکیوں کے ارد گرد آگے پیچھے ۔ اوپر نیچے عجیب و غریب رقص کرتی ہیں ۔ اُس وقت تو ڈائرکٹر پروڈیوسر کی فضول خرچی اور کم عقلی پہ ماتم کیا تھا ۔ مگر اب ان کی الہامی قوتوں اور دور اندیشیوں کے قائل ہو گئے ۔ انھیں پہلے ہی ملک کی حالتِ زار کی خبر ہو گئی تھی ۔ لہٰذا حسین نازک اندام ہیروئن اور اس کی ان گنت سکھیوں کی کمر پہ گھڑے رکھوا دیے تاکہ چٹک مٹک لچک کر شکا برداری ،

فیشن میں داخل ہوجائے اور لوگ پانی بھرنے میں شرم سے پانی پانی نہ ہوں ــــ!

یوں بھی، دیشم، نے اچھے اچھوں کو پانی بھروادیا۔

یہ بھی سنا ہے کہ اُدھر کی سرکار عوام کو گیارھویں صدی میں ڈھکیل کے خود اکیسویں صدی کی طرف لپک رہی ہے۔ جانتی ہے، مع اہل و عیال، کہیں داخلہ ممکن نہیں۔

سارا دکشن بھارت براچین بھارتیہ پدھتی کو اپنا رہا ہے۔

کچے پھل۔ کچی ترکاری۔ کچا اناج۔ کچا گوشت اور دونے پتّل کے استعمال پر خصوصی انعام سمان ہے۔ کہ اس طرح نہ پکانے پر پانی خرچ ہوگا۔ نہ برتن دھونے پر۔

اب غالباً پیرہن بھی کاغذی ہوگا۔ یا اُس مشہور زمانہ تصویر کا ساجس کا عنوان تھا ـــ 'بہار': THE SPRING